赋能新零售

客户关系管理

主　编：石搏　王宇能　吴怡
副主编：陈震寰　何惠　邝慧

中国商业出版社

图书在版编目（CIP）数据

赋能新零售 / 石搏，王宇能，吴怡主编 . -- 北京：
中国商业出版社，2024.4
　　ISBN 978-7-5208-2706-5

　　Ⅰ．①赋… Ⅱ．①石… ②王… ③吴… Ⅲ．①销售管
理 Ⅳ．① F713.3

中国国家版本馆 CIP 数据核字 (2023) 第 218492 号

责任编辑：石胜利
策划编辑：王　彦

中国商业出版社出版发行
（www.zgsycb.com　100053　北京广安门内报国寺 1 号）
总编室：010-63180647　编辑室：010-63033100
发行部：010-83120835/8286
新华书店经销
三河市华东印刷有限公司印刷
*
710 毫米 ×1000 毫米　16 开　14 印张　256 千字
2024 年 4 月第 1 版　2024 年 4 月第 1 次印刷
定价：59.80 元
*　*　*　*
（如有印装质量问题可更换）

目 录

第一章 客户管理的理论基础

一、客户管理的概述 …………………………………………… 2
二、客户的生命周期理论 ……………………………………… 6
三、客户价值理论 ……………………………………………… 12

第二章 新零售的发展与新型客户关系构建

一、新零售的发展趋势 ………………………………………… 30
二、新零售渠道特点 …………………………………………… 38
三、新型客户关系构建 ………………………………………… 42

第三章 客户群关系营销

一、客户群关系营销理论及基本策略 ………………………… 54
二、基于新零售的客户群关系营销 …………………………… 65

第四章 新型客户关系管理技术

一、客户管理技术的发展 …………………………………… 78
二、大数据技术在客户管理的应用 ………………………… 81
三、数据库技术的应用 ……………………………………… 82
四、数据挖掘技术的应用 …………………………………… 83
五、人工智能技术的应用 …………………………………… 84

第五章 客户识别与开发

一、客户信息收集与规整 …………………………………… 96
二、客户识别与画像制作 …………………………………… 101
三、新客户开发 ……………………………………………… 104

第六章 CRM 系统的运用

一、CRM 系统概述 ………………………………………… 114
二、CRM 系统的功能与分类 ……………………………… 117
三、CRM 系统与提升客户服务效率 ……………………… 124

第七章 客户分类：提升业务并引领市场的关键

一、客户分类的意义与策略——洞察市场，精准服务　134
二、客户分类的模型：科学分析，精准划分 ………………136
三、客户分类管理与服务——提供卓越体验，赢得市场份额…142

第八章 客户服务的沟通管理

一、客户服务沟通的基本概念与作用 ………………………154
二、客户服务的沟通技巧与策略 ……………………………163
三、客户服务的沟通全流程 …………………………………167

第九章 客户的满意与忠诚

一、客户满意与投诉处理 ……………………………………186
二、客户忠诚及维护 …………………………………………195
三、客户流失的识别与应对 …………………………………203

第一章 客户管理的理论基础

知识目标

- 掌握客户管理的相关基本概念。
- 掌握客户生命周期的阶段逻辑。
- 了解客户价值的构成。
- 了解客户以及对企业的影响。

能力目标

- 具备分析客户所处的周期阶段的能力。
- 能够分析客户为企业和产品带来的价值及影响。

育人目标

- 弘扬爱岗敬业的精神,践行"客户至上"的服务理念。
- 树立"支持国货"的思想。

一、客户管理的概述

（一）客户管理的产生和发展

20 世纪 80 年代初期，接触管理出现于美国，是专门收集客户与公司联系的所有信息的一类系统，到 90 年代演变成电话服务中心支持资料分析的"客户关怀"；至今，仍在一些中小企业中大量采用，但因为其数据不能有效共享，一般只有客户地址、电话、邮件等简单的信息，因而无法满足企业的更高要求。

全球经济发展日渐活跃，伴随着销售和服务的增长，"以客户为中心"的理念逐渐形成。随着我国改革开放的深入、市场化的发展、加入 WTO 等因素，市场上的产品竞争日趋激烈，部分市场趋于饱和，厂商面临市场循环周期缩短、客户层次化加剧的状况。随后，互联网的崛起增加了市场供应商的透明度，降低了消费者的兴趣与对产品的信任感。这些都加速了中国企业以客户为导向的发展步伐，引发了中国各行业对客户管理的研究。

随着社会生产力的不断提升，很多行业将从卖方市场向买方市场转变。伴随着商品流通和服务的经济活动中，客户管理的重要性将越发重要。如何发展客户、抓住客户、深挖客户，将是企业得以生存与发展最需要掌握的技术。

引导案例

互联网平台雄起：美团

美团是本地生活、网上订餐、生活服务和共享出行平台，其客户管理系统在企业发展中扮演着重要角色。2020 年，美团的收入达到 1208.8 亿元人民币，同比增长 16.3%。美团外卖的日订单量约为 2600 万单，占全国外卖市场的 60%。同年，美团完成 735 万商户的签约，其中包括 7.8 万个高端连锁品牌商家。

以上亮眼的商业数据离不开其优秀的客户管理能力，美团成功扩大了合作商和用户的数量。该公司通过提供扫码点餐、在线支付、订餐评价等服务，不断优化客户体验，为消费者提供更加便捷、价格合理的线上外卖服务。

在消费者体验方面，美团高度重视客户反馈。不仅通过人工客服、客户反馈平台、链接建立有效的客户联系，而且从巨量的数据中挖掘消费者行为特点，不断调整服务策略，提高用户满意度。同时，该公司通过不断完善客户体验，提高其用户保有量和活跃度，从而增加了营收来源。

由此可见，美团的成功得益于其重视客户管理、注重用户体验和数据分析。

> **思考一下**
>
> 你平时通过美团外卖点餐时，哪些方面令你感受到平台的客户界面友好以及便利度？平台是通过哪些渠道定期倾听你的声音？请具体描述一下。

阅读拓展

从线下到线上：Salesforce 客户管理系统

Salesforce.com 是一家成立于 1999 年的企业级软件公司，总部位于美国加利福尼亚州旧金山。该公司主要提供 SaaS（软件即服务）和 PaaS（平台即服务）解决方案，包括：

1. 客户数据整合和可视化：Salesforce.com 客户管理解决方案可以整合各种形式及来源的客户信息，包括邮箱、电话、网站互动行为等，从而使企业能够更好地了解客户需求并制定个性化策略。同时，面板、报表和仪表板等数据可视化功能的加入让企业能够轻松快捷地查看销售效果、推广活动和客户反馈。

2. 营销自动化：Salesforce.com 可帮助企业自动建立营销措施、发送电子邮件、调查问卷、创建折扣和咨询、跟进线索等，并具备大量沟通模板和跟踪处理功能。此外，它支持直接与顾客通过社交媒体进行联系并进行实时响应，最大限度地提高了客户服务质量和顾客体验。

3. 云端管理：Salesforce.com 客户管理解决方案可以将数据存储于云平台，这使得企业不必担心资料的丢失或安全问题。同时，也可以让企业免去昂贵的运行成本，在任何设备上使用数据与系统。

4. 移动端应用：Salesforce.com 客户管理解决方案适合移动平台使用，并提供数款移动应用程序，例如"Salesforce1"和"Chatter"。它们支持多种操作系统（如 iOS 和 Android）和智能手机格式，使用户能够随时随地访问客户信息并进行展开活动。此外，企业用户可以从指定的在线培训、社区和技术支持获得帮助。

总的来说，Salesforce.com 客户管理系统具有重要的功能和应用优势，可以帮助各规模企业管理客户关系，减少工作流程中浪费时间以及成本，大大提高销售效率和客户满意度。因此，在现今企业市场上，它拥有广泛的应用场景，并受到越来越多的大小公司的青睐和选择。

> **思考一下**
>
> 我国是否有国产的同类客户服务管理系统？国产 CRM 的发展历程是怎么样的？目前在国际市场的竞争力如何？

（二）客户与客户管理的定义

1. 什么是客户

在现代商业活动中，客户或顾客指的是用金钱或某种有价值的物品来换取接受财产、服务、产品或某种创意的自然人或组织；是商业服务或产品的采购者，他们可能是最终的消费者、代理人或供应链内的中间人。

客户与顾客是同样的含义吗？

（1）是否有客人的信息资料。顾客往往只是临时性的消费者，客户则不同，企业与客户之间比较熟悉，有微信、邮箱、电话等联系方式和其他信息。

（2）专员服务。对于客户，企业往往有专门对应的工作人员为其提供服务。顾客则可以由企业中任何人提供。

（3）交易频次。真正的客户往往是带有对企业的服务或商品的选择性反复购买，而顾客通常只是随心的消费行为。

综上所述，客户是购买企业提供服务或产品，并且企业掌握购买者相关信息并提供专人服务的个人或组织。

2. 客户管理的定义

客户管理的实质是企业通过科学的调研与分析，掌握除了客户信息，还包含客户购买历史、营销活动的反应、支持状态和访问状态等各种信息。通过统计和分析结果，对目标客户开展的相关管理。其包括调查管理、开发管理、信息管理、价值管理等。

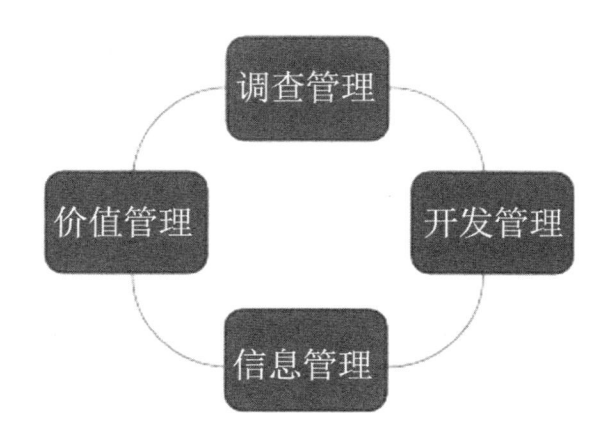

```
        ┌──────────┐
        │ 调查管理 │
        └──────────┘
   ┌──────────┐  ┌──────────┐
   │ 价值管理 │  │ 开发管理 │
   └──────────┘  └──────────┘
        ┌──────────┐
        │ 信息管理 │
        └──────────┘
```

企业为什么要对客户开展管理呢？

在现代经营活动中，企业盈利的方式是通过为客户提供服务来实现的。客户始终是企业存在的理由；客户是企业的根本资源；不是客户依赖企业，而是企业依靠客户。在这种背景下，只有通过良好的客户管理，拉近企业与客户之间的距离，为客户提供更精准贴心的服务，才能实现企业的发展。

（三）客户关系

1. 什么是客户关系

"关系"一词，代表的是双边或多边的相互作用和影响的状态，是人与人或物在某个特定的场内，相互之间的角色扮演情况。比如，师生关系、家庭关系、朋友关系、客户关系等。任何关系都是有生命周期的，客户关系也不例外，企业和客户从关系的建立到关系发展、破裂、恢复和消亡等阶段也都存在。

为达到其经营目标，企业主动与客户建立起的某种联系。这种联系可能是单纯的交易关系，也可能是通信联系，也可能是为客户提供一种特殊的接触机会，还可能是为双方利益而形成某种买卖合同或联盟关系。

企业与客户之间的关系，类似人际关系又更加务实。只有建立在坚实的互利互惠基础上，才能让企业与客户之间的关系得到良好的发展。良好的客户关系，不仅可以为交易提供方便，节约交易成本，也可以为企业深入理解客户的需求和交流双方信息提供许多机会。

2. 客户关系的特征

（1）多样性：经济一体化和市场的开放性决定了客户经济行为的多样性，也同时决定了客户需求、客户关系的多样性。

（2）差异性：优质客户对企业的贡献与一般客户存在差异，这种差异使企业不再视客户为单个群整体，而是视客户为不同的个体，对客户进行有效选择。

（3）持续性：客户对企业提供的产品或服务可能持续反复多次购买，所以客户关系是持续性，而不限于一次交易活动。

（4）竞争性：随着现代科学技术的发展和广泛应用，许多产品逐步趋于相同。

（5）互利性：客户希望通过购买产品或服务，实现其资本的增值。同时，企业通过为客户提供各种产品或服务来谋求利润，这种交易行为具有互利性。

二、客户的生命周期理论

阅读拓展

全生命周期客户服务：丰田为客户量产幸福

随着中国汽车市场饱和，加上行业电动化、智能化的变革来袭，消费者对汽车企业的考量已经不只是关注其技术硬实力，用户全生命周期运营成为当下汽车品牌越来越重视的竞争点。面对新时代的消费需求，丰田不但以领先技术坚守产品质量，在用户服务上也是不断探索创新，力求提供越来越优质的用户体验。

1. 积极拥抱数字化，完善"线上＋线下"多维服务体验

近年来，互联网发展已经渗透到各行各业，企业要与用户建立深入的联系，必须积极拥抱数字化变革。比如丰田与腾讯联合推出的"广汽丰田车主服务专区",基于微信中的腾讯出行服务"车卡"功能,丰田车主在微信中即可享受全流程的品牌专属服务,实现远程查看车况、关车门和空调、预约官方 4S 店服务等。

此外,针对售后服务环节,丰田更面向全渠道销售点推广移动售后系统,实现了全面的数字化服务升级,能够第一时间响应客户线上预约保养需求,智能识别车辆功能磨损与安全隐患,全方位展示不同零件功能原理、对比不同产品性能优劣等,用心守护客户的每一份交付。

2. 坚持顾客第一,升级全生命周期客户服务

一直以来,丰田把用户服务与产品品质放在同等重要的位置,坚持"顾客第一"的理念。自 2019 年起,丰田就开启品牌进化,旨在为客户升级以顾客体验为中心的全生命周期客户服务管理体系,持续为客户创造价值,与用户之间建立"一日车主,终生朋友"的伙伴式关系。

丰田技术总监体制

其中,丰田特有的"技术总监"体制就是广汽丰田创新服务模式的一个缩影。"技术总监"是广汽丰田特有的岗位,其职责是借助专业的力量、通俗易懂的话术,专注为每一位车主排忧解难。技术总监的三大定位为:技术形象代言人、车间和前台沟通的桥梁、前台技术导师。

通过推行技术总监体制,以技术为基,强化售后服务专业性,通过将车间技术力量前移提升客户养车用车服务体验。技术总监不仅是一位技术专家,更是对顾客用车安全感的一份保障。

> **思考一下**
>
> 为什么丰田的客户服务需要贯穿整个生命周期？了解其他的车企是否也有同样的客户管理理念，分别是什么？请举例说明。

（一）客户的生命周期

客户生命周期的概念

客户的生命周期是指从企业与客户建立业务关系到完全终止这种关系的全过程，是客户关系水平随时间变化的发展轨迹，动态地描述了客户关系在不同阶段的总体特征。

在这个过程中客户关系水平会随时发生变化，这个变化反映了客户在不同阶段的特征。

（二）客户生命周期的发展阶段

客户关系的发展是分阶段的，不同阶段客户的行为特征和为公司创造的利润不同，不同阶段驱动客户关系发展的因素不同，同一因素在不同阶段的内涵也不同。因此，在生命周期框架下研究客户关系，可以清晰地考察客户关系的动态特征，这个周期可以被分为考察期、形成期、稳定期及退化期，在这四个阶段，客户对企业的贡献会有不同。客户关系的发展具有不可跳跃性，客户关系必须越过考察期、形成期才能进入稳定期。

各阶段特征的描述如下：

1. 考察期

这是公司和顾客刚刚开始接触，双方都在探索和试验的一个阶段。在这一阶段，双方考察和测试目标的相容性、对方的诚意、对方的绩效，考虑如何建立长期关系所要求的双方潜在的职责、权利和义务。双方相互了解不足、不确定性大是这一时期的基本特征，评估对方的潜在价值和降低不确定性是这一阶段的中心目标，关系可能出现夭折。

在这一阶段，客户往往还没有和企业发生交易，或者只有一些尝试性的订单，处于试探性合作的阶段，不会为企业带来贡献利润。此时，企业为客户关系需投入较高的成本（调研成本、广告成本、营销成本等）去发展客户关系，引导客户关系进入下一个阶段。

2. 形成期

双方关系的快速发展阶段。双方关系能进入这一阶段，表明在考察期双方相互基本满意，并建立了一定的相互信任和相互依赖。在这一阶段，双方从关系中获得的回报日趋增多，相互依赖的范围和深度也日益增加，逐渐认识到对方有能力提供令自己满意的价值（或利益）和履行其在关系中担负的职责，因此愿意发展一种长期关系。在这一阶段，随着双方了解和信任的不断加深，关系日趋成熟，双方的风险承受意愿增加，由此双方交易不断增加。

企业在形成期的投入比在开发期的投入要少，主要是关系发展投入，目的是进一步融洽与客户的关系，提高客户的满意度和忠诚度，进一步扩大交易量。此时，客户已经开始为企业做贡献，企业从客户交易中获得的收入已经大于投入，开始盈利。

3. 稳定期

关系发展的最高阶段。在这一阶段，双方或含蓄或明确地对持续长期关系做了保证。其实这更多的是由在前面的过程中逐步建立起来的各种业务关联所决定的，业务关联及其复杂性的上升，使双方的转换成本都大大上升，要双方能保持前期的合作态势，一般都能将这种关系维持下去。这一阶段有如下明显特征：企业与客户之间对对方提供的价值感到满意；为维持长期稳定的合作，买卖双方会对维系关系作大量投入、大量交易，多方面甚至全方的合作；在保障己方利益的前提下，也会考虑对方的利益。

因此，在这一时期双方的相互依赖水平达到整个关系发展过程中的最高点，双方关系处于一种相对稳定状态。

4. 退化期

关系发展过程中关系水平逆转的阶段。关系的退化并不总是发生在稳定期后的第四阶段，实际上，在任何一阶段关系都可能退化，有些关系可能永远越不过考察期，有些关系可能在形成期退化，有些关系则越过考察期、形成期而进入稳定期，并在稳定期维持较长时间后退化。引起关系退化的可能原因很多。例如，一方或双方经历了一些不满意；发现了更适合的关系伙伴；需求发生变化等。退化期的主要特征有：交易量下降；一方或双方正在考虑结束关系甚至物色候选关系伙伴（供应商或客户）；开始交流结束关系的意图等。

图 1-1　客户生命周期

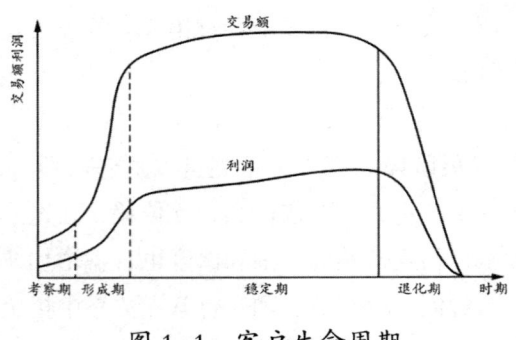

（三）客户生命周期的模型

1. 早期夭折型

客户关系没能跨过考察期即夭折了。客户意识到企业提供的价值不符合预期，认为企业没有能力提供令其满意的价值。企业认为客户没有足够的价值，不愿花费成本与其建立长期关系。

该模型是一种非常多见的客户关系形态，因为在巨大的企业与客户之间的关系网络中，经过双向价值评估与选择，不能够进入形成期的关系占大多数。

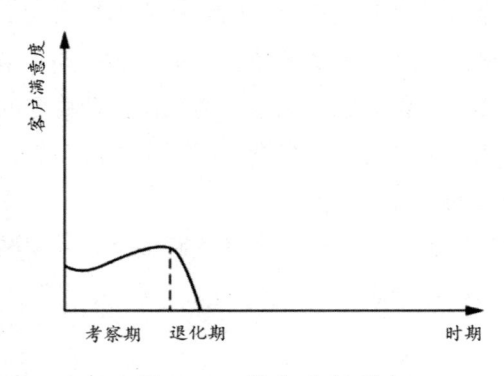

图 1-2　早期夭折型

2. 中途夭折型

客户关系跨过了考察期，但没能进入标志着关系成熟的稳定期，而在形成期中途夭折。客户关系能进入形成期，表明双方对考察期关系的价值是相互满意的，并提供了一定的相互信息，建立了初步的互相信任。客户关系中途夭折的原因可能是企业不能满足客户不断提升的价值预期，从而客户会积极寻找更合适的企业，一旦发现有更好的、可替代的企业，客户便会从现有关系中退出。或者是

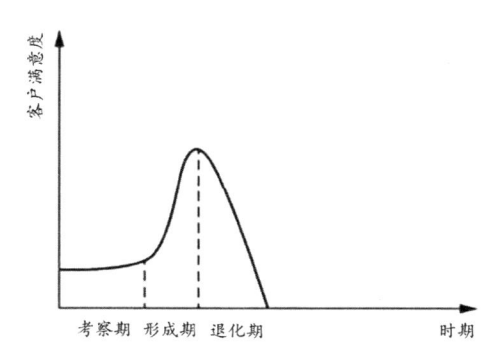

企业发现该客户持续价值不足，也不愿意继续投入维护关系成本导致。

图 1-3 中途夭折型

3. 提前退出型

客户关系进入稳定期，但没能持久保持在该阶段，而选择在稳定期前期退出。原因主要有企业持续增值创新能力不够转而投入其他更能提供满意服务的企业，客户认为双方从关系中获得收益不对等。

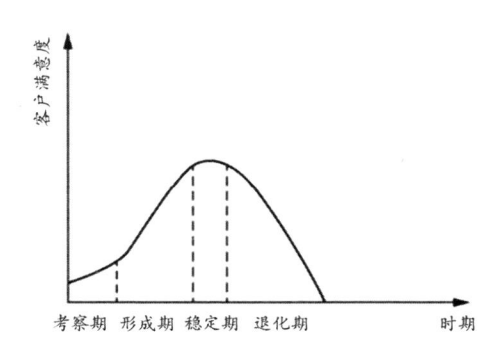

图 1-4 提前退出型

4. 长久保持型

客户关系进入稳定期并在稳定期长久保持。原因主要有如下四种：一是企业提供的客户价值始终比竞争对手更好，客户一直认为现在的企业是对他们最有价值的企业，是客户选择服务方中最优解；二是双方关系是对等双赢的，客户认为关系是公平的；三是客户有很高的经济和心理转移成本；四是基于前面各阶段的合作，客户习惯性选择的结果。

客户关系长久保持型模式是企业最期望实现的一种理想的客户关系生命周期模式，它能给企业带来更多的利润，但在实际中客户关系的发展一般会出现许多波折，但只要企业能有效调整客户关系，保持策略，及时分析，客户关系仍有机会回到企业期待的发展轨道。

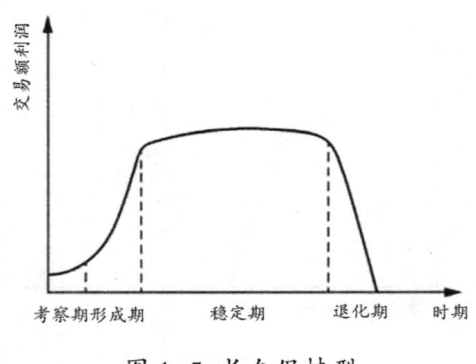

图 1-5 长久保持型

三、客户价值理论

案例剖析

正泰电器：客户价值驱动公司变革

当下，"中国制造"正向"中国智造"加速转型。而智能制造主要是以数据为核心，利用信息技术将数据作用在制造流程的每一个环节并产生价值，实现个性化、定制化、精细化的生产和服务。而作为行业龙头的正泰电器，正结合大数据平台和人工智能等新技术，提升企业决策效率，尤其在服务延伸方面，正泰不断强化服务，让满足客户需求成为变革的重要内驱力。

1. 强化客户服务：全面升级服务系统

目前，正泰电器正塑造让服务对客户而言，易得、易用、易跟随的最佳体验。正泰客户服务中心自建立以来就利用互联网技术和数据化建设，布局多样性和高效性的客户服务渠道，提供业务咨询、投诉处理、技术支持等服务，在日益增长的业务量中，保证用户满意度处于行业领先水平，创立标准化的服务品牌效应。

此外，正泰电器在全国共设立了37个技术服务驻点，有专业技术服务工程师专门为顾客提供现场服务、技术支持和投诉处理，并从制度上就质量、服务相关内容对顾客郑重承诺，1小时内对顾客初次响应，24小时内或与顾客约定时间内到达现场为客户解决问题。正泰电器也因此在2019年取得"五星级"售后服务务认证证书。

2. 持续挖掘客户价值：让客户成为驱动公司变革重要力量

正泰电器的客户服务中心还担负了公司实现智能制造及数字化转型的重要推动力之一。公司客户服务中心负责人称："VOC（Voice of Customer）的管理和推动，是客户中心的一项重要工作和部门设立的目标，客户中心通过对多渠道收集的VOC进行分类和分析，并在验证后反馈至公司的各个部门进行内部流程产品的改善挖掘和机会点的挖掘，以客户之声推动客户体验的提升，充分体现以客户为中心的价值观。"

正泰电器强化服务的做法对公司的转型变革产生了重要影响。公司通过建立客户服务的数据化平台建设，并定期针对数据分析与预警，持续挖掘用户沉睡数据，建立客户服务的数据库，并对信息分享、数据分析与利用。

在未来，他们与700多名中国员工一起，为客户群策群力协同构建更全面的测试生态圈，帮助客户提高芯片测试效率，缩短测试时间和成本，提升市场竞争力。

> **思考一下**
>
> 正泰电器为什么要持续挖掘客户价值？客户价值是如何促进该公司的发展和变革的？

（一）客户价值

客户价值指的是企业提供商品或服务在价值交换的过程中，客户为企业带来的价值。企业所能提供的服务或产品并不能对企业产生实际价值，只有在与客户进行价值交换时，才能获得价值为企业带来利润。

阅读拓展

彼得·德鲁克，现代管理学之父。

其著作影响了数代追求创新以及最佳管理实践的学者和企业家们。彼得·德鲁克先生管理思想的核心就是以客户为中心。早在1954年，他曾经说过一句名言"客户购买和消费的绝不是产品，而是价值"。充分体现出，在客户关系中满足客户所需要的价值，是企业首先要考虑的事情。

营销理念的转变

营销专家劳特朋是较早地认识到客户价值的学者之一。他对客户价值的阐述主要体现在1990年提出的4C理论中。针对传统的营销组合4P（产品、价格、分销、促销）理论中只是从企业角度出发制定营销决策，忽视客户真正的价值需求这一问题，劳特朋认为，企业在市场营销活动中应该首先注意的是4C，这才是客户价值的真正体现。

（1）客户问题。4C理论认为，消费者是企业经营活动的核心，企业重视客户要甚于重视产品。企业首先要了解、研究、分析客户的需求与欲望，而不是先考虑企业能生产什么产品。

（2）成本。4C理论将营销价格因素扩展为企业生产经营全过程。4C理论认为，消费者可接受的价格是企业制定生产成本的决定因素，企业应首先了解消费者满足需要与欲求愿意付出多少成本，而不是先给产品定价即向消费者要多少钱。企业要想追求更高的利润，就必须设法降低成本推动生产技术，使营销手段进入一个新的水平。

（3）便利。4C理论强调企业提供给消费者的便利比营销渠道更重要。便利，就是方便客户，维护客户利益，为客户提供全方位的服务。便利原则应贯穿营销全过程。在产品销售前、销售中和销售后的各个阶段，都要重视服务环节，强调企业既出售产品，也出售服务；消费者不仅购买到产品，而且购买到便利。

（4）沟通。4C理论用沟通取代促销，强调企业应重视与客户的双向沟通，以积极的方式适应客户的情感，建立基于共同利益上的新型企业——客户关系。双向沟通有利于协调矛盾，融洽感情，培养忠诚的客户。

随着营销理念从4P（产品、价格、分销、促销）向4C的客户关系（客户、成本、便利、沟通）营销理念转变，以消费者需求为导向，重新设定了市场营销组合的四个基本要素，真真切切地将客户提高到了至关重要的位置，一切瞄准客户的需求和期望。这种理念的转变，是基于客户是企业最重要的财富理论，只有抓住客户企业才能发展。

（二）客户价值的体现

客户价值不仅是指客户的直接购买行为为企业带来的利润贡献，还应该是客户为企业创造价值的总和。这些价值主要体现在以下几个方面。

1. 企业利润

企业要实现盈利必须依赖客户，因为只有客户购买了企业的产品或者服务，才能使企业的利润得以实现，因此客户是企业利润的源泉，是企业的"摇钱树"，是企业的"财神"，维系好了客户就等于管好了"钱袋子"。

企业的命运是建立在与客户长远利益关系基础之上。企业好比是船，客户好比是水，水能载舟也能覆舟。客户可以给企业带来利润，使企业兴旺发达，同时也可以使企业破产倒闭。

企业利润的真正来源不是品牌，品牌只是吸引客户的有效工具，再强势的品牌如果没有客户追捧，同样是站不住脚的。

2. 聚客效应

自古以来，聚集人气是企业发达的生意经。即便现在的网络营销十分发达，吸引粉丝关注也是企业聚集人气的重要手段。人们的从众心理是非常强的，总是喜欢锦上添花，追捧那些"热门"企业，因此，是否已经拥有大量的客户会成为人们选择企业的重要考虑因素。也就是说，已经拥有较多客户的企业将容易吸引更多的新客户加盟，从而使企业的客户规模形成良性循环。如果没有老客户所带来的旺盛的人气，很难想象企业能够源源不断地吸引新客户，企业也不可能长久地持续发展。满意与忠诚的客户会为企业带来新的客户，使企业客户规模不断增大。

3. 信息价值

客户的信息价值是指客户为企业提供信息，从而使企业更有效地开展经营活动所产生的价值。这些基本信息包括：企业在建立客户档案时由客户有偿或无偿提供的信息；企业与客户进行双向互动的沟通过程中，由客户以各种方式（如抱怨、建议、要求等）向企业提供的各类信息，包括客户需求信息、竞争对手信息、客户满意程度信息等。

客户提供的这些信息不仅为企业节省了收集信息的费用，还为企业制定营销策略提供了真实、准确的第一手资料，所以，客户给企业提供的信息也是企业的巨大财富。

4. 口碑价值

客户的口碑价值是指由于满意的客户向他人宣传本企业的产品或者服务，从而吸引更多新客户的加盟，从而使企业销售增长、收益增加所创造的价值。研究表明，在客户购买决策的信息来源中，口碑传播的可信度最大，远胜过商业广告和公共宣传对客户购买决策的影响。因此，客户主动地推荐和口碑传播会使企业的知名度和美誉度迅速提升。充分发挥和利用客户的口碑价值，让现有客户形成自发宣传的效应，还可以降低企业的广告和宣传费用，影响他人对企业的看法和期望。

5. 对抗竞争

企业的核心竞争力是企业拥有优质客户的多少。从根本上说，一个企业的竞争力有多强，不仅要看技术、看资金、看管理、看市场占有率，更为关键的是要看它到底拥有了多少忠诚的客户，特别是拥有多少忠诚的优质客户。客户忠诚一旦形成，竞争对手往往要花费数倍的代价来抢夺客户。业务流程重组的创始人哈默先生就曾说过："所谓新经济，就是客户经济。"

在产品与服务供过于求，买方市场日渐形成的今天，客户对产品或者品牌的选择自由越来越大，企业间的竞争已经从产品的竞争转向对有限的客户资源的争夺，尽管当前企业间的竞争更多地表现为品牌竞争、价格竞争、广告竞争等方面，但这些竞争实质上都是在争夺客户资源。

6. 持续发展

客户的价值不仅根据单次购买来判断，更需要预测客户一生的购买力和购买总和。例如，可口可乐公司预测其中一位忠诚客户 50 年能给公司带来的收益是 1.1 万美元。万宝路公司预测其中一位忠诚的烟民 30 年能给公司带来的收益是 2.5 万美元，AT8IT 公司预测其中一位忠诚客户 30 年能给公司带来的收益是 4.2 万美元，等等。"客户终生价值"是以预测期间客户带来的收益减去企业为吸引、推销、维系和服务该客户所产生的成本来计算的。假设，某公司某个客户的保留时间是 10 年，若每个客户平均每年给公司带来 100 美元的利润，吸引、推销、维系和服务一个新客户的成本是 80 美元，那么该公司平均每个客户的终生价值为：10 年 ×100 美元 / 年 –80 美元 =920 美元。

客户终生价值既包括历史价值，又包括未来价值，它随着时间的推移而增长。因此，企业千万不要在意老客户一次花多少钱，购买了多少产品或者服务，而应该考虑他们一生给企业带来的财富。企业必须把眼光放长远——不但要重视客户眼前的价值，更需要进一步创造和提高客户的终身价值。

客户终身价值的意义在于表达忠诚客户对企业生存和发展的重要和长远的影响，以刺激企业对忠诚客户的高度重视，努力维系自己的忠诚客户。

（三）客户价值的分类

1. 客户让渡价值

客户让渡价值是指企业转移的，客户感受得到的实际价值。它的一般表现为客户购买总价值与客户购买总成本之间的差额。

顾客让渡价值是菲利普·科特勒等在《营销管理》一书中提出来的，他认为"顾客让渡价值"是指顾客总价值与顾客总成本之间的差额。

图 1-6　客户让渡价值

客户在购买产品或服务时，总是希望把支出的总成本降到最低，同时又希望从中获得更多的实际利益，以最小的代价使自己的需求得到最大限度的满足。因此在选购产品时，客户往往从总价值与总成本两个方面进行比较分析，从中选择"收益"最大，即客户让渡价值最高的产品作为优先选购的对象，而舍弃客户让渡价值较低的产品，更不会做"赔本买卖"。

因此，企业在提供产品或服务时，如何让客户感受到最大的让渡价值成为维系客户良好关系的重要因素。一旦客户在合作过程中感受到自己获得的总价值低于自己的总成本，那么将直接导致客户关系往坏的方面发展，长此以往将失去客户的合作欲望。

（1）客户总价值。客户为购买某一产品或服务所期望获得的总利益，它包括产品价值、服务价值、人员价值和形象价值等。客户获得的总价值是顾客获得更大"客户让渡价值"的途径之一，是增加客户购买的总价值。客户总价值由产品价值、服务价值、人员价值和形象价值构成，其中每一项价值因素的变化均对总价值产生影响。

（2）客户总成本。客户总成本指的是客户为购买某一产品所耗费的时间、精力、体力、情感以及所支付的货币资金等，它包括货币成本、时间成本、精神成本和体力成本。

2. 客户终身价值

客户终身价值最早由弗雷德里克·赖克赫尔德提出来，是指一个客户在与企业关系维持的整个时间段内为企业所带来的净利润，表现为客户为企业带来的利润减去企业为获得和维系与该客户的关系而产生的成本之后得到的差额。

从客户生命周期的角度来看，客户的商业价值不仅是发掘客户的单次商业价值，更重要的是深入挖掘客户的整个生命周期的商业价值，即客户的终身价值。客户终身价值描述了企业预计客户在长期的购买行为中，会给该企业带来未来利润的总现值。客户生命周期、客户商业价值两大因素共同影响着客户终身价值的大小。客户生命周期中成熟期越长，较高客户商业价值折现的年限越多，客户终身价值越高。

客户终身价值

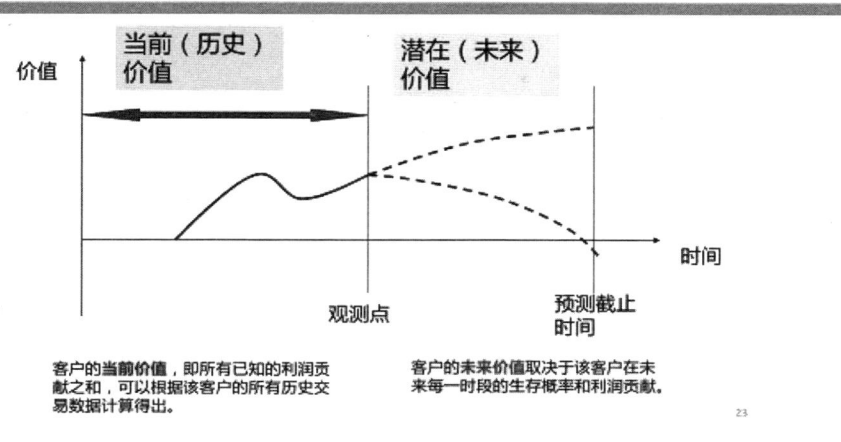

图 1-7 客户的终身价值

假如，某汽车品牌 4S 店想计算它的客户终身价值的话，它需要考虑这个车主终身可能会买几辆汽车，可能需要的配件数量和维修保养次数，如果客户贷款购车还可加上贷款利息收益。那么我们看到此客户的终身价值公式为：

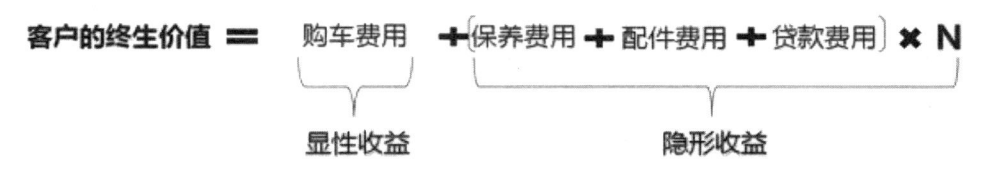

客户的终生价值 = 购车费用（显性收益）+ （保养费用 + 配件费用 + 贷款费用）（隐形收益）× N

图 1-8 4S 店客户的终身价值

每个客户的价值都由三部分构成：历史价值（到目前为止已经实现了的客户价值）、当前价值（如果客户当前行为模式不发生改变的话，将来会给公司带来的客户价值）和潜在价值（如果公司通过有效的交叉销售可以调动客户购买积极性，或促使客户向别人推荐产品和服务等，从而可能增加的客户价值）。从狭义来理解，客户终身价值是指客户在与公司保持关系的整个期间内所产生的现金流经过折现后的累积和。从广义来理解，客户终身价值是指所有客户终身价值折现值的总和。企业在品牌管理过程中，必须从广义的角度来把握客户终身价值。

> **课中实训**

实训一：掌握客户管理的相关基本概念和内涵

实训目标：

学生能通过小组合作的形式，搜索出不同行业的常见客户管理岗位、标准和制度，并细致分析和梳理出这些公司客户管理方面的具体管理细则，帮助学生理解客户的基本概念和内涵。

任务描述：

客户管理制度是企业服务客户的核心与准则。因此，想要成为一名合格的销售人员或客户服务专员，首先就是去了解这些客户服务或销售人员的具体岗位职责和服务标准等相关信息。

任务要求：

以小组为单位，搜索你熟悉的企业（最好是 To C 端企业），进入其官网或者招聘网站了解与客户管理相关的具体岗位职责、招聘条件以及该公司的客户服务标准或者管理细则（至少不同行业的两家）。梳理这些客户服务标准的相同点和不同点，并将调研成果填写在表 1-1 中。

表 1-1 客户服务标准调研

实训二：客户的生命周期理论

实训目标：

学生能通过小组合作的形式，走访调研商业经营的家人或朋友（个体工商户、服务行业等），引导他们分析目前接触的客户所处的生命周期阶段。该实训可以让学生掌握金融产品生命周期的基本判断和应用能力。

任务描述：

客户生命周期有助于决定服务策略。因此，借助实证调研，学生可以进一步应用该理论，分析客户属于哪个周期阶段。

任务要求：

以小组为单位，结合客户生命周期理论，小组设置对应的调研问题，通过走访调研（线上或线下）讨论后判断其公司的不同客户分别属于什么生命周期（提供判断依据）。最后将任务的成果填写在表 1-2 中。

表 1-2　客户生命周期调研

实训三：客户的价值理论

实训目标：

学生能进一步了解客户价值及其分类，围绕实训二的调研结果，进行深度分析这些客户特点并分析其价值体现（包括聚客效应、信息价值、口碑价值等方面），再给出相应的服务建议。这个实训可以让学生树立爱岗敬业的精神，践行"客户至上"的服务理念。

任务描述：

客户价值是企业发展的不懈动力。因此，学生可以根据课本里客户价值的分类和体现，结合实训二的成果，针对不同的客户群体给出服务建议。

任务要求：

以小组为单位，结合实训二的结果，分析不同客户群体的特点以及价值体现（包括聚客效应、信息价值、口碑价值等方面），并且结合该客户群体的生命周期阶段，为其管理者提出相应的客户管理建议。最后将任务的成果填写在表1-3中。

表1-3 客户价值分析以及客户管理建议

课后提升

知识梳理与归纳：（请绘制本项目的思维导图）

思考总结与心得分享

第二章 新零售的发展与新型客户关系构建

知识目标

- 了解新零售的概念、特点和发展趋势。
- 掌握新零售渠道的内涵、运营模式和应用案例。
- 熟悉新型客户关系构建的原则和方法,包括个性化营销和客户互动策略。
- 了解主要的客户关系管理工具和技术。

能力目标

- 分析新零售发展趋势,把握行业动态和前沿技术。
- 比较传统零售与新零售的差异,评估新零售对企业和客户体验的影响。
- 运用数字化技术和智能化手段,提升零售业务竞争力。
- 设计新零售渠道,包括线上平台建设和线下体验店布局。

育人目标

- 培养学生对新零售和客户关系的兴趣和好奇心,激发创新精神。
- 引导学生关注行业动态和技术趋势,培养信息收集和分析能力。
- 培养学生从消费者角度思考渠道布局和设计,培养市场洞察力。

> **课前自学**

一、新零售的发展趋势

（一）背景与概念

在全球商业环境不断变化的今天，传统零售业正面临着前所未有的挑战和机遇。随着科技的迅猛发展和消费者期望的不断提升，传统零售业的经营模式已逐渐显露出局限性。面对这一局面，新零售作为一股强劲的潮流，正在迅速崭露头角，为零售业带来了全新的发展机遇。

马云曾在阿里云栖大会上提出，"纯电商时代很快会结束，未来的十年、二十年，……只有'新零售'这一说"。"新零售"是指利用互联网、大数据、人工智能等技术手段，将线上线下融合的全渠道运营模式，通过个性化、定制化的服务，实现消费者与商家之间的精准匹配。它以提升消费者体验为核心，突破传统零售商业模式的限制，实现购物的便捷化、高效化和个性化。

> **引导案例**

新零售的全新探索：阿里巴巴

2017年，阿里巴巴正式提出"新零售"的概念，其转型极大地引领了零售业的转型方向。该公司积极探索将线上线下融合的新型商业模式，通过数字技术和创新思维，实现了传统零售与现代科技的完美结合。阿里巴巴的新零售旨在通过数据驱动、智能化和个性化服务，为消费者带来更便捷、更多样化的购物体验。这个案例充分体现了新零售作为商业创新的代表，如何通过数字化技术和客户导向引领零售业的未来发展。

新零售的核心概念在于将数字技术、创新思维和客户体验有机融合，从而重塑传统零售业的模式。新零售并不是简单地将线上线下销售渠道相互结合，而是要求零售企业以消费者为中心，从整体上重新设计购物过程、服务方式和营销策略。通过数字化手段，新零售打破了传统零售中渠道之间的界限，实现了全渠道的无缝融合。

新零售的出现不仅是商业模式的升级，更是一种全新的商业生态体系。它不仅关注交易本身，更注重构建消费者与品牌之间的持久关系。通过数字化技术，零售企业可以更好地了解消费者的需求，提供个性化的服务和产品，从而增强消费者的忠诚度和满意度。同时，新零售还鼓励企业与供应链合作伙伴、技术创新企业等形成生态合作，共同推动整个产业的升级和创新。

> **思考一下**
>
> 你在生活中是否接触过新零售的商业模式？请举例说明，并分析新零售和传统的商业模式有什么区别。

阅读拓展

中信银行信用卡深度融入"新零售"发展全局

2023年8月24日，中信银行股份有限公司公布半年度业绩报告。2023年上半年，中信银行信用卡坚持全流程风险管理理念，持续强化风险管理建设，不断调优客群与资产结构。截至报告期末，该行信用卡不良贷款余额104.73亿元，较上年末减少0.48亿元；不良率2.02%，较上年末下降0.04个百分点，不良贷款"量率"双降，资产质量稳中向好。

今年以来，中信银行信用卡围绕扩大内需、促进消费、服务实体经济为指引，深度融入全行"新零售"发展全局，紧扣信用卡在"主结算""主活动""主融资""主服务"等方面的客户关系定位，以高质量可持续发展牵引各项业务经营，全方位满足用户便捷支付、消费信贷等金融需求，打造"有温度的信用卡"。

全面提振消费　生态化经营"有力度"

2023年上半年，中信银行信用卡深度布局消费生态场景，开展差异化特色客群经营。

在金融生态方面，中信银行信用卡构建消费金融产品矩阵，覆盖客户消费、现金两大信贷需求，在额度、期限、还款方式、办理渠道、资金用途等方面提供多样性选择，贯穿客户前中后消费阶段，为客户提供便捷、多元、领先的一站式综合金融服务。同时，中信银行信用卡围绕客户信贷需求，做优分期结构，做强重点产品，全力拓宽线上、线下分期渠道，今年上半年实现分期交易量同比提升13%，增速位列同业可比第一。

在生活生态方面，中信银行信用卡聚焦民生消费，推出丰富促消费优惠活动，发挥金融力量助力消费潜能释放。2023年上半年，升级特色品牌活动"9分享兑""9元享看""精彩365"，围绕民生消费场景，建设商户生态体系，联合全国头部品牌商户开展满立减等活动，覆盖商户数超6万家。

与此同时，该行积极布局境外交易场景，发行留学生信用卡，并推出"全球留学季""全球消费季""境外交易返现"等品牌营销活动。信用卡实现线上交易量、跨境交易量同比双位数的大幅提升，餐饮美食、家居家装、医疗健康等刚需类交易均呈增长趋势。

在客群经营层面，该行信用卡构建涵盖高端、商旅、女性、年轻等核心客群的卡产品体系，至今研发上市超过200款信用卡产品，累计发卡量超过1.1亿张。截至报告期末，中信银行商旅客群累计达1617.82万户，其规模保持可比同业第一。

科技创新赋能　数字化转型"有速度"

中信银行信用卡自2019年成功上线业内首个新一代云架构信用卡核心系统，依托新核心系统，不断推动大数据、云计算、AI智能机器人在业务场景的深度运用，截至目前，累计获得国家专利15项，有力赋能业务发展。

2013年上半年，该行信用卡围绕渠道、营销和运营等方面，持续提升数字化能力。

在渠道数字化方面，中信银行信用卡"5G 全 IP 平台"实现覆盖客服、电销、授信等 6 大远程运营全场景，支持座席同时签入数最高 5 万户，全业务平均日处理量达 76.37 万户。

在营销数字化方面，中信银行信用卡构建策略矩阵，实现全客户、全产品、全渠道经营覆盖，助力业务规模提升，其中企微场景人均交易额实现有效提升。

在运营数字化方面，中信银行信用卡围绕"业技数"融合，开展数字化人才双向培养；上线企微运营平台，赋能客户精细化经营；持续丰富商户生态管理数字工具箱，完成"商 e+" App 首批投产运营。

在移动网络和智能手机全面普及的当下，以手机端 App 为代表的移动终端已成为金融服务的重要载体。2013 年上半年，中信银行信用卡动卡空间 App 积极提升服务温度，全面升级动卡空间 App 长辈版；优化"额度中心""查账还款"两大千万用户场景；拓展借记卡用户使用场景，全面优化双卡用户还款体验。截至报告期末，动卡空间 App 线上月活用户达 1861.36 万户，实现同比提升 15%。

低碳理念践行　绿色消费"有广度"

绿色是高质量发展的鲜明底色。中信银行信用卡围绕"双碳"目标，持续推进绿色金融创新实践。2023 年上半年，"中信碳账户"在发布一周年之际，首次上线"绿色商城"，以碳普惠为核心，面向用户推出以碳减排量兑换绿色权益的商城平台，实现个人碳减排量的资产化、价值化，进一步推动社会大众的绿色低碳消费转型。

目前，"中信碳账户"已实现涵盖信用卡和借记卡共 9 个金融场景的碳减排量核算，具体包括电子信用卡、电子账单、线上缴费、无介质借记卡开通、线上转账、信秒贷办理、信秒贷还款等金融场景，并已支持全民开户，全面推动绿色低碳广泛融入民众生活。

截至报告期末，"中信碳账户"累计开户量达 464 万户，累计减排 2833 吨。在今年举行的第三届可持续消费高峰论坛上，中信银行信用卡中心被评为"可持续消费先锋企业"，正式加入"全球可持续消费倡议"的成员企业。

下一阶段，中信银行信用卡将围绕全行零售第一战略的发展目标，充分发挥信用卡在促消费、惠民生、稳经济上的重要作用，深入推进生态化经营，加速推动数字化转型,构建有温度的服务差异化优势,引领绿色金融创新,全面迈入高质量可持续发展的新阶段。

> **思考一下**
>
> 类似中信银行这样的金融机构对新零售的发展以及内需消费的提振有哪些方面的促进作用?请结合你生活中的例子进行分析。

(二)新零售的特点与核心要素

1. 数据驱动:精准决策的智慧引擎

新零售的显著特征之一即为数据的驱动。在数字化时代,数据被视为宝贵资源,新零售企业运用大数据分析,将数据转化为智慧,为企业决策提供强有力支持。通过深刻了解消费者的购买行为、偏好和习惯等信息,企业得以制定更为精准的市场营销策略。数据分析不仅可协助企业更充分地把握消费者需求,也可捕捉市场趋势、预测产品热度,甚至推测未来的消费趋势。

运用数据分析,企业还能优化供应链管理,实现准确的库存控制与需求预测。举例而言,企业得以通过分析历史销售数据和节假日消费习惯,合理规划库存,避免库存过剩或缺货情况。此细致供应链管理有助于降低库存成本、提升资金周转率,从而拓展企业盈利空间。

2. 无缝融合:升华消费体验

传统零售业通常将线上与线下视为两条独立渠道,而新零售则追求线上线下的无缝融合。这种融合不仅为消费者带来更多购物选择,也为消费者打造更便捷、流畅购物体验。

在新零售中,消费者得以通过线上平台浏览商品,获取丰富产品信息和用户评价。当决定购买时,消费者可选择线下实体店面体验,亲自接触、试穿商品,体察产品品质与外观。此外,新零售还支持逆向流程,消费者得以在线上下单后选择线下提取,或者在线下购物后选择线上配送。如此灵活购物模式使消费者能够充分享受购物便利,不受时间与地点限制。

3. 个性化体验:满足独特需求

个性化体验为新零售另一重要特色,将消费者置于购物核心,为每位消费者供应独特而贴心的服务。通过搜集消费者数据，企业得以深刻了解其兴趣喜好、购买历史等信息，从而为其量身定制购物体验。

从推荐系统到定制化产品，新零售提供多种途径满足个性化体验。通过分析消费者购物历史和浏览记录，系统能够推荐符合其兴趣的商品。例如，某位消费者热衷户外运动，系统可向其推荐相关运动装备和用品。同时，企业亦得依照消费者需求，供应定制化产品与服务。以定制化服装为例，消费者可自选款式、颜色、尺寸等，量身打造衣物，满足个人偏好与需求。

此外，个性化体验还显现于个性化营销活动和个人化客户服务。企业根据消费者生日、购买历史等信息，发送个性化优惠券和活动信息，增进消费者参与与满意度。同时，个人化客户服务能够使消费者感受到关注与在乎，进而构筑更稳固的消费者关系。

案例研读

钟薛高：拥抱新零售　提升消费体验

近年来，新零售业态更注重与消费者互动、侧重消费者体验，呈现出持续变化和不断发展的特点。在新零售业态下，品牌要求持续改进和变革，以适应新场景和业务模式。国产雪糕品牌钟薛高认为，在新零售业态下作为新兴消费品牌，必须以消费者为中心，同时运用场景和技术等手段来提升消费体验，以适应新零售时代的变化。

强调品质、追求个性，满足不同消费者需求

新零售的核心已从以"场"为主转向以"人"为本。品牌在产品研发和设计方面不再自行发展，而是根据消费者需求和反馈，实现以消费者个性化需求为驱动的产品设计与高质量生产。

钟薛高根据用户画像，主要以家庭购物为单位的追求高品质的家庭决策者，以及热衷尝试新鲜事物、热爱生活的时尚年轻群体为目标消费群体定位。在品质方面，钟薛高在全国范围内挑选优质食材，减少添加物使用，通过冷冻技术保持产品新鲜，利用冷链技术迅速将产品送至消费者手中等手段，满足消费者对高品

质产品的需求。在个性化和多样化产品设计方面，钟薛高持续创新，根据时令特点和当季食材等推出多种新口味。同时，与各领域品牌进行合作，如与"小仙炖"合作推出的燕窝雪糕、与"三只松鼠"合作推出的大鱿鱼海鲜雪糕，以及与"奈雪的茶"合作推出的奶茶味雪糕等。这种跨界合作不仅创新口味，还能借助彼此优势，实现资源共享，提升品牌影响力，满足消费者追求新奇和潮流的个性化需求，创造"1+1>2"的协同效应。

同时，在品类上也取得突破，推出大分量、多层次的"钟薛高的糕"以及夏季限定款"树上的冰"系列，满足不同口味、偏好和场景的消费者需求。

多场景、全渠道布局，与消费者建立紧密联系

随着人口结构和消费需求多样化，新零售应运而生，以适应不同年龄层和社交圈消费者的需求，创造多元购物场景和丰富渠道。钟薛高根据自身特点和品牌定位，构建了多场景、全渠道的线上商城数字化、线下门店个性化布局。

在线上方面，钟薛高主要针对以家庭为主的核心消费群体，改变传统的随机零售模式，转向以家庭为单位的仓储式消费。通过在线上销售优质多样的产品组合，消费者下单后 48 小时内通过冷链直接将产品送至家中冰箱，提供更便捷的购物体验。在线下方面，钟薛高打破传统零售形式，打造与消费者动态需求契合的差异化门店，增强线下门店的吸引力。

在品牌门店设计方面，钟薛高注重个性化，每家门店都由专门设计师设计，呈现出独特的主题和个性，让消费者更贴近品牌的特质和态度，轻松地品尝美味雪糕。同时，稳固的门店销售还能够培养消费者对品牌的认知度和忠诚度。

在零售渠道方面，钟薛高与线上有所不同，采用可单独购买的方式，覆盖全国 100 多个城市的销售网络，进驻知名商场、超市、盒马等，深入三、四线城市，扩大消费者接触面。

随着新零售业态不断发展和消费市场的变化，企业品牌需要不断创新和提升，以适应新市场和新需求。未来，钟薛高将继续不断创新，运用新思路、创意和技术，迎接新零售时代的机遇和挑战。

> **思考一下**
>
> 类似中信银行这样的金融机构对新零售的发展以及内需消费的提振有哪些方面的促进作用？请结合你生活中的例子进行分析。

由此可见，新零售的特征与核心要素，包括数据驱动、无缝融合和个性化体验，共同塑造这一新时代零售的独特魅力。数据智慧应用协助企业更深入了解消费者，实行精准决策；无缝融合购物体验升华消费者便利与满意；个性化体验则满足消费者独特需求，提升消费者忠诚度。这些特点融汇，使新零售在商业领域展现巨大潜力与前景。

（三）发展趋势

1. 科技驱动：智能化的未来

随着科技的飞速进步，新零售将深受人工智能、物联网等技术的影响。未来，我们将见证智能化供应链的崭新面貌。借助人工智能，企业能够更精确地预测需求，实现库存的精准管理，从而降低库存成本，提高资金周转率。物联网技术将使产品、仓储和运输环节实现实时监控，让企业能够做出更快速、更明智的决策。智能化供应链不仅提升了企业的运营效率，还优化了消费者的购物体验。

2. 跨界合作：创新的火花

新零售将逐渐与其他行业展开更加深入的合作，这种跨界合作将创造出崭新的商业模式。例如，传统零售商可能与科技公司合作，共同研发智能化购物助手，为消费者提供个性化的购物建议。此外，新零售可能与文化娱乐行业合作，将虚拟现实和增强现实技术应用于购物体验中，为消费者呈现更加生动的产品展示。这种创新性的跨界合作将拓展新零售的边界，为消费者带来更多元、更有趣的选择。

3. 社交化购物：互动的未来

社交媒体将在新零售领域发挥更大的作用，将购物与社交互动深度融合。消费者不再只是被动地选择产品，他们可以在社交平台上与朋友、家人分享购物心得，获得实时的购物建议。购物不再是孤立的活动，而是一个互动、分享的过程。未来，购物平台将更加智能地利用社交媒体数据，为消费者提供个性化的产品推荐，提高购物的乐趣和满足感。

4. 绿色可持续：责任的担当

在全球环保意识不断增强的背景下，新零售将更加注重环保和可持续发展。企业将积极采取措施，推动绿色供应链的建设，减少对环境的影响。可回收包装、可再生能源的应用将成为新零售的常态。消费者对于企业的环保责任也将产生更大的影响，他们会更倾向于选择那些注重环保和社会责任的品牌。未来，绿色可持续将成为新零售发展的重要方向，也是企业体现社会责任的重要途径。

二、新零售渠道特点

> 阅读拓展

京东：新零售的线上线下深度融合

以中国新零售的另一家代表企业京东零售为例，其积极探索线上线下融合的新零售模式，为消费者提供更为便捷、个性化的购物体验。京东通过数字技术和创新思维，实现了线上线下的无缝连接，充分展示了新零售渠道的特点与优势。

京东在全国范围内建设了众多线下门店，如京东便利店、京东家电专卖店等，这些实体店面成为线下体验的重要场所。消费者可以在实体店内亲自体验商品，感受产品的品质与特点。同时，京东实现了线上线下的信息互通，消费者可以在线上浏览商品，然后前往实体店进行购买，或者在线下店内下单并选择配送。这种线上线下融合的模式，为消费者提供了更多购物选择，使购物变得更加灵活和便利。

此外，京东还通过数字化技术实现了个性化购物体验。消费者在京东的平台上，可以根据自己的购买历史、兴趣偏好等信息，获得个性化的商品推荐。京东的智能推荐系统能够分析消费者的数据，为其精准匹配合适的商品，提升购物的效率和满意度。

京东还在实体店面内推出了多项创新服务，如"试拍"功能。消费者可以在实体店内试穿服装，然后通过智能终端拍照，将照片上传至京东平台，进行线上选购。这种创新模式既满足了消费者对试穿体验的需求，又将线上线下购物巧妙结合，增加了购物的趣味性。

综上所述，京东零售的实践充分展现了新零售渠道的特点。通过线上线下融合、个性化服务和创新体验，京东为消费者打造了全新的购物方式。这一案例不仅是新零售模式的成功代表，更是为其他零售企业探索新道路提供了有益启示。

（一）渠道内涵与分类

1. 渠道定义：重新定义零售体验

新零售渠道作为零售业的升级版，突破了传统的线上线下的划分，将数字技术和个性化服务融合在一起，从而创造出全新的购物体验。新零售不再仅仅是交易的过程，而是将购物视为一个与消费者互动、体验、参与的全新模式。数据驱动和个性化服务成为新零售的核心，通过对消费者行为数据的分析，企业能够更准确地满足消费者的需求，提供更贴近个体的购物体验。

2. 渠道分类：多元化的选择

根据任务一中的分析，新零售渠道可以划分为三大类，分别是线上渠道、线下渠道和线上线下融合渠道。

线上渠道：线上渠道是以互联网为基础，通过电子商务平台进行购物交易的模式。这种渠道不受时间和空间的限制，消费者可以随时随地进行购物，通过移动设备或电脑访问在线商店。线上渠道的特点包括商品种类丰富、个性化推荐、用户评价和便捷的购物体验。

线下渠道：线下渠道是传统的实体店面购物模式，消费者可以实际触摸、试穿商品，与销售人员进行面对面的交流。线下渠道通过专业的顾问服务、现场互动等方式提供了一种更亲近、更真实的购物体验。

线上线下融合渠道（O2O）：线上线下融合渠道是将线上和线下购物环境有机结合，创造出无缝、一致的购物体验。消费者可以在线上平台浏览商品，然后选择线下实体店铺购买，或者反之。这种渠道模式旨在为消费者提供更多元、更便捷的购物选择，无论是线上还是线下，都能享受一致的购物服务。

（二）运营模式与特点

新零售渠道的运营模式与特点是其引人注目的亮点之一，它们为消费者和企业带来了独特的优势和机遇。在新零售时代，不同类型的渠道运营模式展现出了各自的特点。

1. 线上渠道：全天候的便利性

线上渠道是新零售中的重要一环，它的特点在于提供了全天候的便利性。通过电子商务平台，消费者可以随时随地进行购物，无须受制于时间和地点的限制。这为繁忙的现代生活带来了极大的便利，消费者可以在工作间隙、早晨或深夜进行购物，实现了消费的弹性化。而且线上渠道通常拥有更为丰富的商品种类，消费者可以轻松找到自己所需的商品，而无须在不同的实体店间奔波。此外，线上渠道也通过数据分析和个性化推荐，为消费者呈现出更加精准的购物选项，提升了购物的便捷性和满意度。

2. 线下渠道：真实互动的触感

尽管线上渠道带来了便利，但线下渠道依然有着独特的魅力。线下实体店的特点在于它们提供了真实互动的触感，消费者可以亲身感受商品的材质和风格。无论是试穿衣物还是体验电子产品，消费者可以通过实际的操作和感受做出更为准确的购买决策。此外，线下渠道还为消费者提供了面对面的顾问服务，销售人员可以根据消费者的需求和喜好，提供专业的购物建议，增加了购物的互动性和社交性。在一些情况下，消费者还可以通过线下渠道享受到即时购买的便利，无须等待物流的配送。

3. 线上线下融合渠道：无缝体验的跨界融合

线上线下融合渠道将线上和线下购物环境融为一体，为消费者创造了无缝、一致的购物体验。这种渠道模式旨在消除线上线下之间的隔阂，让消费者能够更自由地选择购物的方式。例如，消费者可以在线上平台浏览商品，然后选择到实体店铺试穿或购买；或者在线下店铺体验商品后，再通过线上渠道下单，配送到家。这种无缝的体验使消费者能够更加自主地决定购物的过程，根据实际情况进行灵活调整。此外，线上线下融合渠道也为企业提供了更多的互动机会，通过线上线下的信息互通，企业可以更好地了解消费者的偏好，进而调整产品和服务，提高消费者的满意度。

（三）实景应用案例分析

智能导购系统：个性化购物助手的引领（AI 机器人）

导购才是新零售的秘密武器

智能导购系统是新零售渠道中的一项重要创新,它充分利用人工智能技术,为消费者提供个性化的商品推荐和购物建议。通过分析消费者的历史购买记录、浏览行为、兴趣偏好等数据,系统能够准确洞察消费者的需求,并根据这些信息为其推荐合适的商品。人工智能技术的运用,不仅提高了购物的效率,还能够更好地满足消费者的多样化需求。

1.案例特点:融合线上线下的购物体验

在智能导购系统中,消费者可以在线上获取商品信息,并获得个性化的推荐。令人惊喜的是,个性化推荐不仅限于线上环境,在线下店铺内导购员也能够实时获取消费者的购物偏好和历史记录。当消费者走进实体店面时,导购员可以根据系统提供的信息,为消费者提供更为准确的购物建议。这种融合了线上线下的购物体验,使消费者在任何环境下都能获得个性化的服务。

2.虚拟试衣间:数字化的时尚体验(VR增强现实技术)

虚拟试衣间是新零售渠道中的一大创新亮点,它基于增强现实技术,为消费者带来了数字化的时尚体验。消费者可以通过手机或其他设备,在虚拟环境中试穿不同款式的服装。增强现实技术能够准确地将虚拟的服装图像叠加在现实环境中,使消费者仿佛置身于试衣间内,亲身感受服装的效果。

虚拟试衣间不仅为消费者带来了全新的购物体验,还在很大程度上解决了传统试衣间的局限性。消费者不再需要在实际试穿时反复脱穿衣物,而是可以通过虚拟试衣间快速预览多款服装,节省了试衣的时间。而且通过虚拟试穿,消费者能够更准确地判断服装的合适度,从而增加了线下试穿和购买的积极性。这一创新不仅丰富了购物体验,还对线下实体店的销售,起到了积极的推动作用。

3.线上预约线下体验:个性化的购物服务

线上预约线下体验是新零售渠道中的一项重要创新,它通过预约平台使消费者可以提前预约线下店铺的购物体验。消费者可以根据自己的时间安排和兴趣,选择合适的时间段进行线下购物。这种个性化的购物服务能够更好地满足消费者的需求,提升购物体验的舒适度和便捷性。

线上预约线下体验的特点在于它为消费者提供了个性化的购物服务。消费者不再受制于店铺的营业时间,而可以在自己方便的时间段内进行购物。这种个性化的体验时间能够让消费者更加充分地享受购物的乐趣,避免了在拥挤的时间段等待的情况。通过提前预约，消费者还可以获得更为专业的导购服务，店员可以根据消费者的需求，为其提供更准确的购物建议。这种个性化的购物体验大大增加了消费者的满意度，也为线下实体店铺带来了更多的回头客和口碑。

总而言之，新零售渠道中的这些应用案例充分展示了技术的创新力量，为消费者和企业创造了更加丰富、个性化的购物体验。智能导购系统、虚拟试衣间和线上预约线下体验等创新模式，不仅提升了购物的便捷性和满意度，也在一定程度上促进了线下实体店的发展。通过不断引入技术和创新，新零售渠道将持续演进，为消费者带来更多惊喜与便利。

三、新型客户关系构建

阅读拓展

星巴克：个性化互动营销

以国际知名咖啡连锁品牌 Starbucks 为例，其在新型客户关系构建方面的创新实践充分展示了个性化互动营销的强大魅力。

星巴克通过自己的移动应用程序和会员制度，构建了一个高度个性化的客户互动平台。消费者可以在应用中进行订单、支付、查看菜单等操作，而更为重要的是，星巴克通过积累用户的购买和消费数据，为每位用户定制了独特的优惠和奖励计划。通过消费者的购买历史、喜好和偏好，星巴克能够精确地提供个性化的优惠券和折扣，增强了消费者的忠诚度和复购率。

此外，星巴克还在社交媒体上积极进行互动营销。通过发布有趣、吸引人的内容，如咖啡文化、新品发布和消费者故事，星巴克吸引了大量粉丝的关注。更重要的是，星巴克充分利用社交媒体的互动性，与消费者进行线上互动，回应他们的评论、建议和问题，建立了更加亲近的品牌形象。

星巴克还推出了"星享会员"计划，为会员提供一系列独特的福利，如生日赠品、专属活动和限量商品。通过这种方式，星巴克鼓励消费者参与其生态系统，增强了品牌与消费者之间的连接。

星巴克的个性化互动营销实践为新型客户关系构建提供了有益启示。通过数据驱动的个性化优惠和社交媒体的互动营销,星巴克不仅提升了消费者的忠诚度和满意度,还在市场中取得了巨大的成功。

> **思考一下**
>
> 在星巴克案例里,个性化互动营销的关键点有哪几个方面?是否能够应用在其他的零售品牌?展开说说。

1. 背景与概念

在新零售渠道的崛起下,消费者与品牌之间的关系正经历着深刻的变革。传统的商业模式已不再能够满足日益多样化的消费者需求,因此个性化和数据驱动的客户关系构建成为新零售时代的重要议题。新零售不仅是销售商品,更是通过个性化互动和数据分析,建立稳固的消费者关系。

2. 个性化营销策略

(1)个性化推荐。个性化推荐是新型客户关系构建中的关键策略之一。通过对消费者的行为数据进行深入分析,零售企业能够了解消费者的喜好、购买历史和兴趣。借助人工智能和大数据技术,企业可以为每位消费者定制个性化的产品推荐,从而提高购买转化率。比如,电商平台可以根据消费者的浏览记录和购买历史,为其推荐相关的商品,增加购买的可能性。

(2)定制化服务。满足消费者的个性化需求是新零售客户关系构建的另一个重要方面。企业可以根据消费者的需求和购买历史,提供定制化的服务。例如,一些高端品牌可以为消费者提供量身定制的商品,如服装、配饰等。此外,企业还可以通过个性化服务增强消费者的满意度,比如提供定制化的咨询和建议,以及个性化的售后服务。

(3)会员制度。建立会员制度是新零售中的常见做法之一。会员制度不仅可以增加消费者的忠诚度,还可以为消费者提供独特的优惠和福利。通过会员制度,消费者可以享受到积分返现、专属折扣、生日礼品等特殊权益,从而鼓励他们进行多次购买和消费。会员制度不仅可以促进消费者与品牌之间的互动,还可以为企业提供更多的消费者数据,用于进一步的个性化营销。

3. 数据驱动的客户互动策略

在新零售时代，数据成为构建与消费者之间紧密联系的桥梁，通过深入的洞察、个性化的互动以及社交媒体的融合，企业能够更好地与消费者互动，增强品牌影响力与消费者忠诚度。

（1）消费者洞察

数据分析是新零售客户互动的核心。通过收集和分析消费者的购买行为、兴趣爱好、浏览历史等数据，企业能够深入了解消费者的需求和偏好。数据驱动的消费者洞察不仅有助于预测消费趋势，还能够帮助企业更精准地定位目标消费者，制定更有针对性的互动策略。例如，电商平台可以根据消费者的购买历史和浏览记录，预测其潜在兴趣，为其推送相关产品和优惠信息。

（2）个性化互动

在新零售环境中，个性化的互动是与消费者建立密切联系的关键。利用多渠道，如电子邮件、短信、移动应用等，企业可以通过个性化的推送与消费者互动。个性化推送不仅能够提供消费者感兴趣的信息，还能够为其提供独特的优惠和折扣，增强消费者的参与度和忠诚度。此外，个性化互动还包括与消费者的个别沟通，如根据消费者的反馈提供专属建议，建立更亲近的关系。

（3）社交媒体互动

社交媒体已经成为新零售中不可忽视的互动平台。将社交媒体与购物平台融合，可以极大地提升消费者的参与度。企业可以通过发布有趣、有价值的内容，吸引消费者的关注，从而引发互动。此外，社交媒体还可以用于举办互动活动，如抽奖、投票等，激发消费者的参与热情。通过社交媒体的互动，企业能够更加直接地与消费者沟通，建立品牌形象，传播价值观。

综上所述，数据驱动的客户互动策略是新零售时代不可或缺的一部分。通过深入的数据分析、个性化的互动推送以及社交媒体的融合，企业能够更加紧密地与消费者互动，建立更强大的品牌影响力，提升消费者的忠诚度和满意度。

4. 客户关系管理工具与技术

在新型客户关系构建中，有效的工具与技术支持是不可或缺的，它们能够加强企业与消费者之间的互动，深化个性化的连接，从而促进品牌忠诚度的建立。

（1）客户关系管理系统（CRM）

客户关系管理系统（CRM）是一种集中管理消费者信息的强大工具。通过CRM系统，企业可以将消费者的购买记录、偏好、投诉反馈等信息整合在一个平台上，实现对消费者互动和跟踪的更加有效管理。通过分析消费者的历史数据，企业可以更好地了解其需求，为其提供更有价值的服务。例如，当消费者在线上平台浏览商品时，CRM 系统可以推送与其兴趣相关的产品信息，引导消费者深入了解和购买。

（2）数据分析工具

数据分析工具在新零售客户关系构建中扮演着至关重要的角色。通过深入挖掘消费者的数据，企业能够准确洞察市场趋势和消费者需求。利用数据分析工具，企业可以从海量数据中发现隐藏的关联，预测未来的购买趋势，从而制定更加精准的营销策略。例如，通过分析消费者的购买行为和浏览历史，企业可以判断哪些产品更受欢迎，调整库存和采购计划，降低运营成本。

（3）人工智能技术

人工智能技术的应用为客户关系构建带来了全新的可能性。借助人工智能，企业可以实现自动化的客户互动，提高效率和个性化水平。例如，智能聊天机器人可以在网站或应用上为消费者提供实时的咨询和解答，解决常见问题，增强用户体验。此外，人工智能还可以根据消费者的购买行为和喜好，为其推送个性化的推荐信息，引导消费者更好地发现适合自己的产品。

客户关系管理工具与技术在新零售时代的客户关系构建中发挥着关键作用。通过 CRM 系统、数据分析工具和人工智能技术的支持，企业能够更好地洞察消费者需求，实现更有效的互动，建立更紧密的关系，从而提升品牌价值和消费者满意度。

5. 新型客户关系的积极影响

在新零售时代，通过个性化互动和服务的构建，企业能够实现更深入、更有意义的客户关系，从而在忠诚度、复购率和品牌形象方面获得显著的正面影响。

（1）增强忠诚度

个性化互动和服务的实施可以显著提升消费者的满意度和忠诚度。当消费者感受到企业真正了解他们的需求，提供与之相关的个性化建议和推荐时，他们会感到被重视和关心，从而更愿意与品牌建立长期的联系。通过持续的个性化互动，消费者与品牌之间的连接更加紧密，忠诚度也得到了进一步加强。

（2）增加复购率

个性化互动和精准的推荐有助于鼓励消费者进行多次购买。当消费者获得与其兴趣和需求相符的产品推荐时，他们更有可能再次购买相似或相关的产品。此外，个性化的营销活动和特殊优惠也能够刺激消费者的购买欲望，从而增加复购率。通过持续的个性化互动，企业能够保持消费者的兴趣，使他们成为品牌的忠实支持者。

（3）塑造品牌形象

积极的客户关系构建对品牌形象的塑造具有重要意义。通过个性化的互动和服务，企业向消费者传递了一个关心、专业和创新的形象。消费者会感受到企业不仅是为了销售产品，更是关注消费者的需求和体验。这种积极的品牌形象有助于吸引更多的潜在消费者，使他们愿意尝试并与品牌互动。通过持续的个性化互动，企业的品牌形象得到进一步夯实，从而在市场中获得更大的竞争优势。

新型客户关系的建立对企业的忠诚度、复购率和品牌形象都有着显著的积极影响。通过个性化互动、精准推荐以及塑造积极的品牌形象，企业能够与消费者建立更紧密的联系，从而在市场中取得更大的成功。

课中实训

实训一：新零售的概念、特点和发展趋势

实训目标：

学生能通过小组进行信息收集，案例分析，深入理解新零售的新业态发展情况，并细致分析和梳理出新零售公司在品牌、渠道等方面的主要特点和具体表现。

任务描述：

新零售是线上线下全渠道运营模式。因此，企业要想顺应该潮流，首要的是去了解这种新业态的具体运营模式，将现有的渠道进行整合，提升效率。

任务要求：

以小组为单位，选择一家新零售企业，分析该企业在数据驱动、个性化定制、消费体验和渠道设计等方面进行全面深入分析，梳理该企业新零售转型的核心成功要素在哪些方面，制作出 PPT 汇报，并将调研成果填写在表 2-1 中。

表 2-1　新零售企业转型调研

实训二：新型客户关系构建的原则和方法

实训目标：

学生能通过小组进行信息收集，案例分析，深入理解新零售下如何构建新型客户关系，并细致分析和梳理出实训一选择的新零售公司在个性化互动和数据分析方面的具体做法。

任务描述：

新零售下的客户关系强调个性化互动和数据分析。因此，企业要想顺应该潮流，寻找标杆企业在客户关系构建方面的基本方式，就要突破传统的沟通互动形式。

任务要求：

以小组为单位，针对实训一中的选择企业，分析该企业在个性化营销策略、数据驱动客户互动、客户关系管理工具与技术等方面进行全面深入分析，尝试为该企业提出新型客户关系的优化改进建议，并将调研成果填写在表 2-2 中。

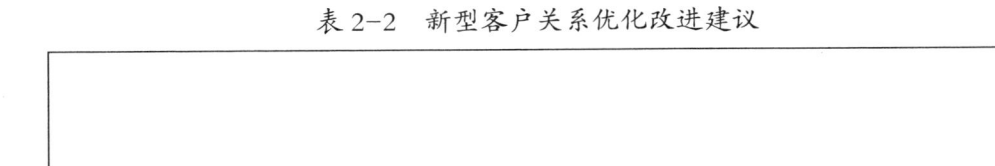

表 2-2 新型客户关系优化改进建议

课后提升

知识梳理与归纳：（请绘制本项目的思维导图）

思考总结与心得分享

第三章

客户群关系营销

知识目标

- 了解关系营销理论。
- 了解一对一营销理论。
- 了解大数据营销理论。

能力目标

- 初步具备运用关系营销策略的能力。
- 能够根据客户情况分析运用不同的客户群关系营销策略。

育人目标

- 践行"为客户着想"的服务理念。
- 树立精细诚信、务实守信的服务理念。

> 课前自学

一、客户群关系营销理论及基本策略

（一）关系营销

随着时代变迁，4C营销理论应运而生。该理论的核心在于将顾客满意度置于重要的位置。与顾客营销有关的其他理论包括关系营销、一对一营销、大数据营销等。

1. 关系营销的概念

关系营销最早由白瑞（Berry）于1983年提出，并将其定义为"吸引、维持和增进顾客关系的过程"。关系营销是企业与相关市场参与者互利合作关系的建立和维持过程，以实现自身目标。其核心在于恰当处理企业与消费者、竞争者、供应商、分销商、社会组织和政府机构之间的关系。

关系营销的重点在于建立永久性的合作伙伴关系，实现互利互惠。其目标是提升现有客户的满意度和忠诚度，稳定现有客户群，并从长期合作中获得利益。保持与客户的良好关系是企业营销活动取得成功的基本保证。

2. 关系营销策略

基于关系营销理论，营销的基础是顾客导向，其目的不仅是满足顾客需求，更重要的是与顾客建立长期、稳定、积极的关系。

（1）与客户建立有效沟通。关系营销的第一步是通过有效沟通了解客户需求。沟通的渠道和方式包括业务电话、公司微博和公司公众号。公司还可通过客户关系管理系统及时接收客户咨询信息，并采用有针对性的营销策略，提高客户关系管理的有效性。

（2）高质量的产品和服务。高质量的产品和服务能让企业在客户中树立品牌形象。在大多数情况下，客户是通过企业的产品和服务接触到企业的。好的产品和服务会让客户对企业的产品和服务产生好感。

（3）情感投资。在建立业务关系时，企业与客户应积极寻求业务之外的其他关系，以便从其他关系的影响中获益，从而巩固业务关系。例如，在客户生日和结婚纪念日时，可发送祝贺短信，以表达公司对客户的关心。

（4）奖励忠诚客户。公司通过奖励来关心客户。例如，给予客户价格奖励、改进产品功能或提供灵活的付款条件和融资方案。

（5）给予年轻员工相对较高的权限。传统的职位描述体系会严重限制公司服务客户的能力，因为他们在解决客户问题时往往需要经过信息、请求、推荐和审批等流程。企业应在一定程度上赋予基层员工权利，使他们能够及时、迅速、恰当地解决客户问题，提高服务水平和客户满意度。

引导案例

泰国东方饭店客户关系管理成功案例

在泰国，东方饭店几乎每天都爆满，如果不提前一个月预约，很难找到入住机会。泰国是个旅游胜地，旅游酒店遍布全境，为什么东方饭店能在众多酒店中脱颖而出，实现超高入住率呢？

这要归功于东方饭店与众不同的客户管理和卓越的客户服务。那么，为什么这家饭店的客户服务如此卓越呢？通过一个案例我们进行观察。

一位经常因公务到泰国出差的商务人士选择住在东方饭店。首次入住时，他对饭店的环境和服务质量印象深刻。然而，第二次入住时，一些细节进一步增强了他对饭店的好感。第二天早上，商务人士走出房间准备去餐厅时，楼层服务生恭敬地问道："于先生需要用早餐吗？"商务人士感到奇怪："你怎么知道我的姓名？"服务生回答："我们饭店有规定，头天晚上要熟记所有客人的名字。"当于先生乘坐电梯下到餐厅所在楼层，刚刚进入餐厅，服务员微笑着问道："于先生还要坐在之前的位置吗？"于先生非常惊讶，心里想："虽然我不是第一次来这家餐厅，但最后一次来已经超过一年多了，难道这个服务员的记忆力这么惊人？"看到于先生惊讶的表情，服务员解释道："我刚刚查了电脑记录，您去年6月8日在靠窗口的第二个座位上用过早餐。"于先生听完后感到非常兴奋，说："没错，那个位置！"服务员接着问："您需要的是老菜单吗？一个三明治，一杯咖啡，一个鸡蛋。"于先生对服务员的周到服务已经不再感到惊讶，"好的！我要点老菜单！"并且上菜的时候服务员后退两步。这样细致入微的服务即使在美国最顶级的餐厅里于先生都未曾见过。

后来，由于业务调整的原因，于先生有一段时间没有去泰国出差。有一天，于先生的生日到了，忽然收到一封东方饭店寄来的生日贺卡，里面写道："亲爱的于先生，您已有三年未光临我们的酒店，我们所有员工都非常思念您，期盼再次见到您。今天是您的生日，祝您过得开心愉快。"

于先生当时深受感动，他心生念头，若再次前往泰国，必将选住东方饭店。东方饭店高度重视培养忠实顾客，建立了一套完善的客户关系管理体系，确保顾客入住期间能够享受到全方位、贴心的个性化服务。

迄今为止，世界各国有约20万人入住过泰国东方饭店，只要每年有十分之一的老顾客光顾饭店，那么饭店就会永远客满。这就是东方饭店成功的秘诀。

> **思考一下**
>
> 分析本案例中，东方饭店的客户关系管理的成功之处是什么？

（二）一对一营销

一对一营销又称个性化营销（One to one marketing），是指企业与特定客户进行单独沟通，并根据其需求提供产品和服务的营销活动。个性化是一对一营销最重要的特点：一对一营销使公司能够向客户提供有针对性的个性化产品和服务解决方案。营销旨在提高客户关系中的投资回报率，提高客户满意度和忠诚度，并最大限度地提升客户价值。与其他客户营销理论相比，一对一营销具有以下特点。

从追逐市场份额到追逐客户份额。传统的营销方法侧重于销售更多的产品以获得更多的市场份额，而一对一营销则是要满足每位尊贵客户的不同需求、在可能的情况下进行沟通，保持密切的关系，并专注于增加客户份额。

从产品差异到客户差异。考虑到客户差异的一对一营销理论是满足客户需求的关键。通过对客户数据的统计分析，企业可以发现每个客户的欲望价值，推出一系列有针对性的服务，培养忠诚客户，并通过客户信息的口碑传播进一步扩大客户群。

从产品管理到客户管理。在传统营销中，企业根据市场调研确定顾客需求，开发满足顾客需求的产品；而一对一营销则是通过提供定制化的产品和服务来实现以顾客为中心的营销管理。性化是指企业尽量满足每个客户的个性化需求，这与传统的企业营销模式不同。

从强调规模经济到强调范围经济。传统营销强调规模经济，企业试图通过增加产量来降低产品成本。在一对一营销中，企业不再强调"规模"，而是强调"范围"。范围经济是企业通过生产多种产品或增加产品种类而引起的单位成本降低。与规模经济不同，范围经济通常是企业从生产或提供系列产品单位成本中获得节约的，这种节约可以来自分销、研发和服务中心等部门。

一对一营销的核心是企业与客户建立起一种新型的服务关系，企业通过与客户接触不断增强对客户的了解，并提供符合特定客户需要的个性化产品或服务。

需求识别。不同客户具有不同的需求，一对一营销要求企业从每个接触层面或沟通渠道，搜集客户信息并了解每位特定客户的个性化需求。企业应尽可能多地掌握客户信息，如客户购买产品的种类、规格、数量、价格、采购条件及特定需要等。例如，为方便销售，某超市要求日化产品生产企业提供具有磁性防盗条码的塑料容器等。

行为定制。一对一营销的目标是为特定客户定制实体产品或围绕产品提供某些方面的定制服务。例如，2018年，招商银行推出一款借记卡——魔漫卡，该卡是招商银行联合魔漫相机发行的印有个人原创漫画形象的联名借记卡。客户只要进入借记卡定制页面，拍摄一张照片，就可以制作印有个人漫画形象的专属银行卡，还能选择自己喜欢的卡面。

部门合作。一对一营销是建立在定制利润高于定制成本基础之上的，这就要求企业的营销部门、研发部门、采购部门、制造部门和财务部门之间通力合作。营销部门要确定满足客户所要求的定制规格；研发部门要对产品进行高效率的重新设计；采购与制造部门要保证原材料的有效供应和生产的顺利进行；财务部门要及时提供生产成本与财务分析报告。

一对一营销的执行和控制是一个相当复杂的机制，它不仅意味着每位面对客户的营销人员要时刻保持态度热情、反应灵敏的状态，最根本的是，它要求企业能识别、追踪、记录个体消费者的个性化需求并与其保持长期的互动关系，企业最终能为客户提供个性化的产品或者服务。所以,一对一营销的核心是企业与客户建立起一种新型的服务关系,即通过企业与客户的一次次接触不断增加对客户的了解。企业可以根据客户提出的要求以及对客户的了解,生产和提供完全符合单个客户特定需要的产品或服务。这样,即使竞争者也进行一对一的关系营销,客户也不会轻易离开,因为那样的话客户还要再花很多的时间和精力才能使该企业的竞争者对他有同样程度的了解。企业可以通过下列四个步骤来实现一对一营销。

识别客户。拥有每位客户的详细资料对企业来说相当关键。可以这样认为,没有理想的客户个人资料就不可能实现一对一营销。这就意味着,营销者对客户资料要有深入细致的调查和了解。当然,仅仅知道客户的名字、住址、电话号码或银行账号是远远不够的,企业必须掌握客户包括消费习惯、个人偏好在内的其他尽可能多的信息资料。企业还可以将自己与客户发生的每次联系都记录下来,如客户购买商品的数量、价格,采购的条件,客户特定的需要、业余爱好、家庭成员的名字和生日等。一对一营销要求企业必须从每个接触层面、每条能利用的沟通渠道、每个活动场所以及企业每个部门和非竞争性企业收集来的资料中去认识和了解每位特定的客户。

客户差别化。一对一营销较之传统目标市场营销而言,已由注重产品差别化转向注重客户差别化。从广义上理解客户差别化主要体现在两个方面:一是不同的客户代表不同的价值水平;二是不同的客户有不同的需求。一对一营销认为,在充分掌握了企业客户的信息资料并考虑客户价值的前提下,合理区分企业客户之间的差别将是一项重要的工作。首先,这可以使企业的一对一工作有的放矢,集中企业有限的资源从最有价值的客户那里获得最大的收益,毕竟企业不可能有同样的精力与所有不同的客户建立关系,也不可能从不同的客户那里获取相同的利润;其次,企业也可以根据现有的客户信息重新设计生产行为,从而对客户的价值需求做出及时的反应;最后,企业对现有的客户库进行一定程度的差别化,将有助于企业在特定的经营环境下制定适当的经营战略。

> **阅读拓展**

戴尔公司的一对一营销

1984年，戴尔公司成立之初即确立了直销模式，针对消费者的不同需求和偏好，专门设计并生产个人计算机，并有针对性地向消费者提供独具特色的服务。戴尔公司提出"按照客户要求定制计算机，满足消费者的个性需求"的市场营销新理念，它绕过了一些中间环节直接按订单将定制产品销售到客户手中，以客户为中心，实现零库存。戴尔公司以特色鲜明的一对一营销方式使其销售业绩飞速提升，在短短20年内即由一家名不见经传的小公司发展为国际计算机市场的龙头企业。这应该是世界上成功运用一对一营销策略的典范。

> **思考一下**
>
> 一对一营销是否适合所有企业？哪些企业更加适合？

"企业—客户"双向沟通。一对一营销的成功之处就在于它能够和客户之间建立一种互动的学习型关系，并把这种互动的学习型关系保持下去，以发挥最大的客户价值。实施一对一营销的企业善于创造机会让客户告诉企业其需要什么，并且记住这些需求，把满足客户个性化需求的信息反馈给客户以维护与该客户的业务。建立互动的学习型关系有两个必备的要求。首先，企业必须是一个成功的、具有成本效益的量身定制者；其次具备有效的设计接口和精确的客户规格记忆。

Barista Brava咖啡连锁店的一名领班连续招待了28位客户，而未曾向其中的任何一位客户问过他想要什么。因为他知道要把客户招待好，最简单、最直接的方法就是把每位客户的口味都记住而不必劳烦他们进行再次说明，这就是Barista Brava得以不断抢走星巴克客户的最重要的因素。其次，如果企业给客户提供更加个性化的令人满意的产品或服务，那么这种行为就可以促使客户更加忠诚，使其更加愿意向企业提供更加个性化的需求信息。

> **拓展阅读**

Apple Store 上线激光刻字服务

AirPods 耳机是苹果公司的一款产品。2019 年 3 月 20 日，苹果发布了新一代的 AirPods 耳机，可以称作 AirPods2。对比上一代的产品，AirPods2 并没有太大变化，采用的是 H1 芯片，稳定性更好，续航时间更长。有意思的是，苹果在官网上线了一项私人定制服务，消费者购买 AirPods2 后，可以要求在 AirPods2 机身上刻字。至于刻什么字，完全由消费者自己来决定。此前苹果一直有为 iPad 等产品的消费者提供激光刻字服务。

> **思考一下**
>
> Apple Store 上线激光刻字服务是否有助于该类产品的销售？

（三）大数据营销

在互联网时代，大数据越来越为人们所重视，营销领域引入大数据后产生了一个新的概念——大数据营销。大数据营销是指通过互联网采集大量客户消费数据，在分析客户消费信息的基础上，预测客户的消费行为，有针对性地制定营销策略的一种营销手段。大数据营销是一种精准营销，它可以把不同客户的消费习惯、消费偏好、消费频率及营销人员所需要的用户画像描绘得更加精准，从而使企业营销策略更加有的放矢。

案例分析

花旗银行：借助大数据创造商业营销效益

花旗集团是全球最大的金融服务提供商之一，业务遍及160多个国家和地区，拥有超过2亿个客户账户。近年来，该集团采用纯粹的大数据驱动策略推动业务增长，提升为客户提供的服务。

保险公司正在大胆地进入物联网时代，受益于可穿戴设备、扫描器和传感器带来的大量非结构化行为数据。然而，零售银行、投资银行、证券等其他金融服务在这方面相对落后，但它们正在迅速颠覆和创新它们的数据分析技术，迅速而谨慎地利用大量的数据资产。这是因为它们需要在数据敏感性和为客户提供价值之间取得平衡，并且严格将个人隐私和信息保护放在首位。尽管如此，正是因为大数据带来的最大机遇，像花旗这样的公司能够看清全局。

在花旗，他们通过精细结构数据和综合结构化与非结构化的数据来源来对创新使用案例进行全面理解。在许多值得尊敬的机构中，企业领导者们思考的问题是：数据能为我们做什么？

而花旗银行的大数据团队负责制订公司内部使用大数据分析的计划，帮助推动数据创新战略渗透到公司的各项业务。该平台主要基于Hadoop，数据集来自不同的应用程序，用于接收交易门店、客户反馈和业务流程数据来源的多层次结构化数据流。除了构建和设计数据技术平台,该团队还在任何可能受益的业务部门内"启动"大数据驱动的分析活动。确定大数据资源在哪些领域能最有效利用技术能力来处理各种业务,这是其中最具发展潜力的一部分。

一旦发现分析方法的潜在用途,他们会对其进行效益和机会成本方面的评估。有很多不同的因素需要考虑,因此并非所有潜在用途都能通过评估。有时候,经过深入了解潜在用途后,他们可能会意识到其他可行的方法,大数据并不是唯一解决方案。

在花旗的运营中,大数据分析在客户维系和获取方面得到成功实施。这涉及使用机器学习算法分析数据和定向营销支出。通过提供可以视为公司同时具备保护客户隐私和信息的功能,花旗为自身和客户带来了帮助。因此,从合规性到网络安全,再到客户服务和防诈骗,以及营销推广和网络分析等许多用途都需要获得大数据的支持,以实现各种不同而重要的新功能。

多年来,花旗一直在有效地管理和分析数据,以了解如何改善运营并提供更好的服务。大数据使花旗能够存储和分析数据的成本更加合理。作为一家跨国公司,花旗拥有大量对业务非常有价值的数据资产,现在能够以合理的成本储存并从中获益。

花旗团队认为,银行业和金融业会被即将带来的实时流分析技术彻底改变。随着时间的推移,将看到越来越多的创新使用案例和对实时流分析的思考。大数据和实时商业洞见越来越密切相关,会在新领域和旧领域产生更大的影响。通过使花旗能够更快地响应客户,大数据赋予他们转向积极主动的商业模式的能力,并带来出色的体验。

> **思考一下**
>
> 企业如何通过客户大数据信息了解客户需求?

(四)大数据营销策略

大数据作为信息技术的产物,越来越受到企业管理者的青睐。大数据营销在维系客户关系、提高销售额方面扮演着越来越重要的角色。

（1）分析客户消费行为。客户大数据是企业通过对客户信息的采集和追踪获得的，企业可通过客户大数据来推测客户未来的消费行为。例如，利用客户大数据信息对客户过去的购买习惯进行分析，从而判断客户是被产品、服务所吸引还是被价格所吸引的。基于这样的分析，企业可以有针对性地制定营销策略。例如，许多航空公司利用常旅客留下的信息建立了常旅客数据库，航空公司可以利用这个数据库统计和分析常旅客的构成、流向和流量，分析常旅客出行及消费的趋势，订票、购票的方式与习惯，以及他们对航空公司市场营销活动的反应等，从而有针对性地采取相应的营销策略。

（2）服务过程自动化。掌握客户大数据后，企业可以增强跟踪服务和自动服务的能力，从而更好地维系客户关系，使客户得到更快捷和更周到的服务。大数据对客户历史交易行为进行监控和分析，当某一客户购买产品或服务的价值累计达到一定金额后，客户数据可以提示企业对该客户给予优惠或者为其提供个性化服务。例如，当客户在网上书店购买图书时，销售系统就会自动记录书目，生成有关客户偏好的信息。当客户再次访问网上书店时，销售系统就会自动识别其身份，并依据其偏好来推荐书目。

（3）动态管理客户信息。企业通过应用客户大数据可以了解和掌握客户的需求及其变化规律。由于客户信息总是在不断地发生变化，客户资料也应随之不断地进行调整。例如，母婴用品公司可以为怀孕的准妈妈寄送公司的宣传品，等新生儿出生后，公司可以把折价券寄送到产妇手中，产妇凭借折价券可以买到价格优惠的纸尿裤。公司凭折价券也可以记录客户的购买情况，并继续追踪客户持续使用该产品的情况。

延伸阅读

星巴克客户关系管理

星巴克是一个奇迹，它可能是过去 10 年里成长最快的公司之一，而且增长势头丝毫没有减缓的迹象。自 1992 年星巴克在纳斯达克上市以来，星巴克的销售额平均每年增长 20%。在过去 10 年里，星巴克的股价上涨了 580%。星巴克是世界上增长最快的品牌之一，也是《商业周刊》"全球品牌 100 强"最佳品牌之一，其品牌价值与上年相比增长12%，是为数不多的在如此恶劣的经济环境下仍能保持品牌价值增长的公司。

不过，星巴克品牌引人注目的并不是它的增长速度，而是它的广告支出之少。星巴克每年的广告支出仅为3000万美元，约为其营业收入的1%，这些广告费通常用于推广新口味咖啡饮品和店内新服务，譬如店内无线上网服务等。与之形成鲜明对比的是，同等规模的消费品公司的广告支出通常高达3亿美元。

星巴克成功的重要因素是它视"客户关系"为关键资产，与客户建立关系是星巴克战略的核心部分，它特别强调的是客户与咖啡大师傅的关系。公司董事长舒尔茨认识到咖啡大师傅是为客户创造舒适、稳定和轻松的环境的关键角色，那些站在咖啡店吧台后面直接与每位客户交流的咖啡大师傅决定了咖啡店的氛围。为此，每个咖啡大师傅都要接受培训，培训内容包括客户服务、零售基本技巧以及咖啡知识等。咖啡大师傅还要预测客户的需求，并在解释不同的咖啡风味时与客户进行目光交流。星巴克将其他公司可能被用于广告的费用，投资于员工福利和员工培训中。1988年，星巴克成为第一家为兼职员工提供完全医疗保险的公司。1991年，星巴克又成为第一家为兼职员工提供股票期权的公司，星巴克的股票期权被称为"豆股票"（beanstock）。在舒尔茨的自传《星巴克咖啡王国传奇》中，他写道："豆股票'及信任感使职员自动、自发地以最大热忱对待客人，这就是星巴克的竞争优势。"星巴克的所有员工，无论职位高低，都被称为"合伙人"，因为他们都拥有公司的股份。

另外，客户在星巴克消费的时候，收银员除品名、价格以外，还要在收银机里输入客户的性别和年龄段，否则收银机就打不开。所以，星巴克可以很快知道客户在其消费的时间、消费了什么、金额多少、客户的性别和年龄段等，除此之外，星巴克每年还会请专业公司做市场调查。

星巴克也通过反馈来增强与客户的联系。每周星巴克的管理团队都要阅读原始的、未经任何处理的客户意见卡。一位主管说："有时客户的反馈着实让我们震惊，但是这使我们能够与客户进行直接的交流。否则，在星巴克层面上，我们非常容易失去与客户的联系。"

星巴克也将其关系模型拓展到供应商环节。现在，许多公司都将非核心业务剥离，这使它们与供应商的关系变得极其关键，特别是那些涉及关键部件的供应商。有些公司把所有完成的交易都视为"关系"，但是真正优秀的公司都认识到，在商业交易和真正的"关系"之间存在巨大的差别，即是否存在信任。优秀的公司都会投入大量的资源去培养与供应链上的合作伙伴之间的信任。

星巴克倾向于建立长期关系，它愿意通过与供应商一起合作来控制价格，而不仅仅是从外部监控价格，它投入大量的时间与金钱来培育供应商。在星巴克看来，失去一个供应商就像失去一个员工，因为你损失了培育他们的投资。星巴克对合作伙伴的选择可以说非常挑剔，但一旦选择过程结束，星巴克就会非常努力地与供应商建立良好的合作关系。第一年，两家公司的高层主管代表通常会进行三四次会面，之后，每年或每半年都进行战略性业务回顾以评估这种合作关系。产品和产品的领域越重要，参与的主管级别就越高。

思考一下

星巴克的客户理念是怎样的？它是怎样管理客户关系的？

二、基于新零售的客户群关系营销

案例导入

良品铺子的客户管理营销

良品铺子开发中台系统，运用大数据绘制用户画像，对客户进行精细划分。并且借助中国传统节日、周年庆、平台品牌日等时间节点，以内容输出的方式拉近与消费者的距离。

良品铺子在不降低产品包装品质的前提下，在包装技术上下功夫。比如，从重复利用的角度出发，研发了良品小食仙"恐龙魔法盒"，对包装版面进行设计改造，设计成一种恐龙形状的拼图玩具，引发Z世代共鸣，与消费者建立多维度和立体化的情感连接。

从用户体验化方面来看，对于休闲食品而言，消费者需要的不再只是一个产品本身这么简单，而是从个体感官、自我认知甚至是情感表露的一个全方位的感受。线下店铺布局上，以"零食图书馆"为理念架构，为消费者提供舒适、轻商业、沉浸式的购物体验。线上服务上，通过订单智能化主动服务、售后服务承诺、搭建VIP服务通道等一系列策略完善的客户服务体系，为消费者提供更高端的服务体验，保障消费者权益。

在新零售商业模式下，良品铺子对价值形态演变进行分析发现，消费者对产品的期望由满足"功能"需求向满足"体验"和"情感"演变。从产品功能性的特点来看，良品铺子在产品端已布局15个品类，形成全品类协同发展模式，并针对不同的消费群体、消费场景，不断研发健康营养、具有功能性的休闲食品，丰富产品矩阵。

在消费场景上，良品铺子在打造品牌形象方面，从线下店铺的数量和门店布局两方面上齐发力，共同推动线下门店的高速度、高质量运营。在门店数量上，截至2020年底，良品铺子共有终端门店2 701家，遍布全国各地。在门店内部布局上，打造"零食图书馆"，提炼设计元素并实施基装定调与道具开发，营造了简约、时尚、专业的门店氛围，现如今已经升级为沉浸式零食体验店。良品铺子及其自身开发App、小程序与本地生活平台关联贯通，围绕终端门店接入外卖、找美食等消费场景。将用户与终端门店紧紧地连在一起，覆盖了O2O外卖、消费礼券、良品会员等诸多场景。

> **思考一下**
>
> 良品铺子新零售模式下对客群价值如何理解？

（一）新零售的客群营销概念

在品牌营销中，客群运营的作用十分重要。企业需要明确目标客群，并与他们建立正确的关系，以实现有效的营销。在进行品牌营销时，企业不应将所有人都视为目标消费者，因为触达用户越广，所需投入的资源也越多。如果没有明确的客群定位，品牌营销内容就变得过于通用，难以吸引消费者的注意。在竞争激烈、活动泛滥、信息过载的当下，消费者的关注和记忆能力有限，广泛覆盖并不如选择适合的目标客群更为有效。

因此，品牌需要学会与核心客群对话，并通过细分不同类别的用户特征，找准用户营销的切入点。从用户的职业特性、价值观等多个维度出发，进行差异化营销，以提高品牌营销的效率和效果。例如，拼多多以"拼着买，才便宜"为口号，精确定位于下沉市场，并洞察到这类消费者更注重"低价"的特点，因此创新推出各类拼团、好友助力等形式，成功占据电商市场份额。

今日头条利用算法精准推送内容给用户，以"你关心的，才是头条"为宗旨，确保每位用户看到的内容都是他们感兴趣的，实现千人千面的个性化推荐。

用户是营销的核心，客群细分和精准营销是当前数字化背景下各大品牌必须选用的策略。

（二）新零售背景下的客群营销策略

在新零售时代，客群运营不应只是简单地销售产品，而是对用户进行筛选以明确目标用户群，针对有相同属性的用户群，采用多渠道方式展开信息互通、专业服务和价值输出的体系，并对客户提供一对一、一对多的咨询服务，帮助目标用户群体解决问题，达成价值认同和共享。具体可以从以下四个维度着手。

1. 建立用户标签

根据用户的基本属性（性别、年龄、喜好）、社会属性、消费属性、活动属性和兴趣爱好等信息，把个性化的用户，打上标准化的标签，并对标签进行梳理聚合，形成一个个典型的用户标签，再根据不同层级的标签找到某一客户群体。

用户标签

标签形成的过程可以分为以下四个步骤。

（1）数据收集并建立标签体系

通过大数据技术，以用户行为数据为基础，结合业务数据等多种数据源，帮助企业构建用户智能标签，赋能业务实现用户标签的自助式创建、维护和管理，使得用户数据更为精准，更趋近于真实的用户画像。

（2）获取模型标签进行行为建模

获得原始数据后，基于用户分析模型，以及其他的辅助的数据，通过计算引擎，对用户数据进行二次加工、行为建模，从而获取模型标签。

标签本身会有很多分类，因此在这个阶段，需要用到多个模型来给用户贴标签，如用户状态模型、用户价值模型、用户分群模型等。

（3）标签可视化

品牌想要根据客户分群进行个性化推荐，一定要满足标签可视化的要求。比如，在检索某个标签后直接显示与其相关联标签；并且可以展示两级或者三级，多层级、清晰直观地看到关联情况；并且再更进一步的是点击后，每个标签里面的详细情况也会展示出来。

（4）标签维护

标签也具有生命周期，分别为需求提出、生成、审批、执行。生成标签用户之后，企业也需要对标签进行维护。因此，用户标签也要有一个明确的更新规则，包括标签更新周期、标签更新维度、标签更新权限、无用标签的淘汰。

2. 分析用户行为特征

基于用户行为特征分群是应用最有效的客群搭建方法之一。通过对用户行为的相关性分析，能够洞察目标用户的个性特征，可以根据这些特征将用户划分到相应的群组，策划符合该客群的营销活动，进而增加转化的可能性。

用户行为的分析需要从以下四个维度进行。

（1）多维、灵活、实时的分析

实时完成数据采集回传，对于回传的数据进行分析。通过自定义的指标和维度交叉分析得到数据实时查询结果。

（2）全渠道数据采集

通过全渠道的数据整合，包括但不限于 PC、Mobile Web、App、微信公众号、小程序、成员推广、二维码渠道和企业第三方平台，进行有效的用户行为分析，精准捕捉用户的内容、触达渠道喜好情况。

（3）完备的数据开放

进行数据分析需要获取大量数据，数据开放显得尤为重要。获取其他系统或平台的用户数据进行更加深入的分析，并且面向其他业务系统或数据系统开放数据，成为其他系统的数据源。

（4）完整的用户数据

通过唯一识别身份定位用户，打破时空、模式化的限制，让用户不再是在多渠道里的分散数据。这就意味着用户可以从一个沟通渠道无缝转向另一个沟通渠道，而且在这个过程中沟通不会被打断。通过构建唯一识别用户系统即可构建全维度经营指标体系，对运营、销售、营销、客户维系、水平业务进行全局分析与监控，真正实现数据驱动业务发展，辅助运营者通过数据指标进行科学决策，及时进行业务预警和创新改善。

3. 洞察用户需求

在世界杯期间，中国约有 1 亿人次熬夜观看世界杯，每日优鲜正是抓住了这一点用户需求，推出了"看球套餐"和"熬夜能量包"，并启动夜间配送。好的品牌一定要想用户所想，每日优鲜对用户需求的敏感度，给它带来了在世界杯期间日均订单量环比增长超过 20% 的好成绩。

另外，善于洞察的每日优鲜还将目光放到不同地区用户的需求上。庞大的中国市场，饮食需求千差万别，每日优鲜结合不同地区的特色饮食习惯，利用地理优势特点，与当地知名产品合作，共同合力打造了爆款单品，成为当地有名的"菜篮子工程"。例如，华南地区，每日优鲜在华南地区每日鲜鸡蛋月销量达到 598 万枚，梅州白肉蜜柚上架一周便实现日销 2 万个，而珠海海鲈鱼峰值日销量在 1000 条左右，这都得益于每日优鲜对用户差异化需求的精准洞察。

4. 形成价值认同感

价值认同感在新零售背景下的客群营销中起到四两拨千斤的作用，不仅能帮助企业有效经营自己的客群，还可以提高用户的黏性。但是应该如何培养用户的价值认同感呢？

（1）用好的内容留住用户

内容是形成价值认同感的基础。通过分析消费者与不同类型内容之间的互动特征和群体差异，理解哪些内容对消费者更有吸引力，建立消费者的内容偏好并洞察消费者的偏好特征，用于指导设计用户互动的内容营销策略，以实现更高的内容响应率和营销转化率。

以某 App 酒店频道为例，在用户登录 App 后，会产生大量的用户行为数据。通过页面数据分析用户偏好，有些用户会大量阅读评论，有些会注意浏览照片，有些则对酒店位置比较在意，分别按照不同用户的内容类型偏好匹配个性化的内容。

（2）用活动提高用户参与感

除了好的内容，营销者还可以通过营销活动的制定来增强用户的参与感，比如，福利发放类、游戏互动类、答题抽奖类、分享裂变类等，以此调动用户参加线下及线上活动，让用户得到更多的群服务和活动的体验，让用户在群运营中感受到自己的存在。

> **案例育人**
>
> 立足精细诚信、务实守信的职业精神。提升学生"为客户着想"的意识，以客户为主，培养正确的职业道德观。

课中实训

实训一：掌握客户群关系营销理论

实训目标：

学生能通过小组合作的形式，了解目前市场中企业对于客户群关系营销的具体实践，帮助学生理解客户群关系营销理论的基本概念和内涵。

任务描述：

介绍、分析星巴克企业的客户状态，重点分析该企业的目标客户与潜在客户实力。

任务要求：

1. 教师布置实训任务，指出实训要点和注意事项。
2. 全班分为若干小组，采用组长负责制，组员合理分工、团结协作。
3. 既可以通过实地调查收集相关资料，也可以采用第二手资料。
4. 小组内部充分讨论、认真研究，形成分析报告。

最后将任务的成果填写在下表中。

实训二：基于新零售的客户群关系营销

实训目标：

学生能通过小组合作的形式，了解新零售业态下，相较于传统的客户群关系营销，目前企业采用什么方式进行客户群关系营销，帮助学生理解新零售客户群关系营销理论的基本概念和内涵。

任务描述：

介绍、分析盒马生鲜企业选择了什么样的客户，以及为什么选择这样的客户。

任务要求：

1. 教师布置实训任务，指出实训要点和注意事项。
2. 全班分为若干小组，采用组长负责制，组员合理分工、团结协作。
3. 既可以通过实地调查收集相关资料，也可以采用第二手资料。
4. 小组内部充分讨论、认真研究，形成分析报告。

最后将任务的成果填写在下表中。

课后提升

知识梳理与归纳：（请绘制本项目的思维导图）

思考总结与心得分享

第四章

新型客户关系管理技术

知识目标

- 了解客户管理技术的发展。
- 掌握大数据、人工智能、数据库在客户管理中的意义。

能力目标

- 具备在客户管理中应用各项新兴技术的能力。
- 熟悉并掌握客户关系管理技术的类型、特点以及基本功能。

育人目标

- 培养创新意识,提高创新能力和竞争力,从而赢得更多的客户和市场份额。

课前自学

一、客户管理技术的发展

信息技术的快速发展推动了客户关系管理的出现，使企业能够利用先进的技术手段来全面了解和掌握客户信息，找到市场机会并加以开发，降低风险，从而提高客户的满意度和忠诚度。

客户关系管理起源于20世纪80年代初的"接触管理"，指的是搜集整理客户与企业之间各种联系的信息，从而改进经营管理，提升营销效益。之后，企业在处理与外部客户的关系方面，渐渐意识到没有信息技术的支持，无法有效地进行客户关系管理。于是，从20世纪90年代开始，美国的许多企业相继开发了一系列软件系统，如销售自动化系统（SFA）、客户服务系统（CSS）等，以满足市场竞争的需求。

到90年代中期，接触管理开始演变为涵盖呼叫中心和数据分析等方面的"客户服务"。从1996年开始，一些公司开始将SFA和CSS两个系统整合为一个系统，并加入了营销策划和现场服务的概念。这一系统不仅包括软件，还包括硬件、专业服务和培训。它为公司员工提供全面、及时的数据，使他们能清楚地了解每位客户的需求和购买历史，并为客户提供相应的服务。

为了抓住商业机会，很多软件公司及时推出了客户关系管理软件，这在一定程度上推动了客户关系管理的普及。然而，由于企业曾经过度投资并对其寄予过高期望，导致成功率和回报率都非常低，因此，理论界和企业界开始更加理智地考虑客户关系管理的适用性，这推动了客户关系管理研究的深入和务实，将相关研究的重点放在客户关系管理的实施策略和分析功能上，以便更好地实现客户关系管理系统的应用。20世纪90年代末，由于信息技术的兴起，客户关系管理的营销模式得到了充实和发展。企业可以利用技术解决方案有效地分析客户数据，积累并共享客户信息，并根据不同客户的偏好和特性提供相应的服务，从而增加客户价值。同时，信息技术还可以辅助企业识别不同的客户关系，并根据不同的客户关系采用不同的策略。

信息技术的迅猛发展为实现客户关系管理和功能拓展提供了前所未有的手段。数据挖掘、数据库、商业智能、知识发现、基于浏览器的个性化服务系统等技术的进步极大地提高了收集、整理、加工和利用客户信息的质量，同时也增加了企业与客户进行交流的渠道。除了传统的面对面对话、电话交流等方式，还可以利用社交媒体、呼叫中心、移动通信、掌上电脑、电子邮件、网站等渠道。同时，Web 站点、在线客户自助服务以及基于销售自动化的电子邮件等工具也为每个客户关系管理解决方案的用户提供了更多服务扩展的机会。

此外，网络是一个优秀的信息平台和互动工具。它提供了一种廉价的信息获取方式，并且实现了供应商和客户之间的无缝连接。因此，网络技术的进步极大地促进了客户关系管理的发展。

各种因素的影响下，客户关系管理在需求拉动和技术推动下得以不断演变发展。渐渐地，一个关于客户关系管理的理论体系和应用技术体系逐渐形成。

导入案例

CXO 利用数据库管理客户关系

期刊业是非常需要且适合数据库营销的行业。无论是为了保持读者的续订率，还是吸引更多的新读者，都需要充分发挥数据库营销的作用。在过去的几年中，微码营销公司一直积极规划和实施 CXO 杂志的数据库营销策略和项目，取得了显著的成果，也吸引了许多新读者。

经济学人集团是国际知名出版集团，旗下的 CXO 杂志专门为企业高层财务管理人士提供服务。该集团在全球范围内（特别是美国）对大中型企业高级财务管理人士产生重要影响。2002 年，该杂志进入中国市场，并在短短 2~3 年时间建立了一批忠实且高素质的读者群。由于当时中国的出版行业尚未完全对外资企业开放，因此该杂志在初期采取了赠阅的方式来吸引读者并扩大影响力。此外，杂志的管理层还期望通过广告销售、会议活动以及读者数据服务等领域获取一些收入。

初步查询和分析后，微码营销公司确定了目标读者群体为高层管理人士，主要集中在北京和上海的约 180000 家企业。推广项目采用直邮宣传和赠阅推广的方式，共计进行了 6 次直邮推广和 2 次赠阅推广。值得强调的是，读者介绍项目取得了显著成效。同时，为满足客户的需求，微码营销公司还进行了电子邮件推广的试点项目。

除了利用多种方法来促进获取合格的订阅读者，建立良好的读者关系也非常重要。良好的读者关系对于保持长期的竞争力有着显著的影响，同时也直接影响读者的续订率。微码营销公司针对这一点设计了个性化的读者生日卡项目，并且优化了读者续订流程，以确保读者能够轻松愉快地完成续订手续。读者可以采用多种方式进行免费订阅和续订，如网站注册、电话或传真申请。另外，在附加产品方面，微码营销公司还为客户提供了协助出租读者信息等服务，为客户带来了超预期的收入，同时还支持客户参加两届高峰论坛。

> **思考一下**
>
> 请问 CXO 杂志为什么获得成功？

随着市场竞争的加剧，人们越来越深刻地认识到，市场竞争就是企业争夺客户的竞争，企业要实现盈利就必须依赖客户，要想在激烈的市场竞争中保持优势，保持长期稳定的发展，就必须重视客户关系管理。然而，很多企业将工作重心放在不断开发新客户上，不惜花费大量资源和代价去竭力争夺新客户，却在客户关系管理方面缺乏系统的规划和必要的手段，同时也缺乏保留客户、实现客户忠诚的策略，因此，开发出来的客户很快就流失了。此外，当前互联网对客户关系管理的影响越来越深远，然而相关理论却严重滞后于实践。

正是在这种背景下，融入"互联网+"时代的客户关系管理新理念和新举措。具体内容包括客户关系管理理念与技术、客户的选择和开发、客户信息的管理、客户分级与沟通、客户满意度和忠诚度以及客户挽回策略等。

二、大数据技术在客户管理的应用

（一）大数据技术的概念

大数据表现出"5V特点"，即数据量(Volume)、数据速度(Velocity)、数据多样性(Variety)、数据真实性(Veracity)和数据价值(Value)。大数据分析是在数据密集环境下重新思考数据科学并探索新模式的结果。随着大数据技术的进步，企业能够获取到客户的各种信息，如年龄、性别、住址、收入和购物习惯等，甚至可以通过大量的数据描绘客户的虚拟形象。

（二）大数据技术的应用

在大数据时代，企业应该利用大数据分析来进行市场预测和分析，提取数据背后的逻辑。通过这样的分析，企业可以制定更准确、针对性更强、更实用的服务策略。大数据的处理和应用，有助于企业收集顾客消费数据并进行分析，推断出个人偏好和需求等，进而预测未来购物行为和需求，从而精准地向顾客推送相应产品信息，以最大程度地发掘市场机会。

拓展阅读

大数据技术在商业银行客户服务中的应用

商业银行能够通过分析大型企业的经营管理状况、资金周转周期和竞争者经营状况等数据，向这些企业提供系统而及时的服务，满足其在资金使用方面的需求，从而提高客户对银行的黏性、满意度和忠诚度。

商业银行的大数据技术可以评估中小企业的风险和信用情况，以便快速决策是否给予融资。此外，商业银行还能通过大数据帮助中小企业有效利用闲置资金，提升其偿还能力，同时也降低了商业银行的风险。商业银行可以利用个人客户的账户数据、交易消费数据和电子平台操作记录数据，分析个人客户的风险偏好、消费习惯和消费能力等信息，以便识别出优质客户，并为满足不同客户需求采取个性化的服务。此外，商业银行还会利用大数据对失去的客户群体的业务、行为习惯等要素进行研究分析，从而洞察流失客户的特点及原因，并相应地采取挽回策略以应对实际情况。

三、数据库技术的应用

数据库营销是指企业通过收集和积累消费者大量信息的数据库，经过处理后预测消费者购买某种产品的可能性，然后利用这些信息来精确定位产品，有针对性地传播营销信息，以诱使消费者购买产品。

自 20 世纪 90 年代以来，现代信息社会的数据库营销受到企业界的广泛关注，这一独特的营销方式备受青睐。在发达国家，数据库营销已经在许多西方企业中得到普及。据统计，在美国，85% 的零售商和制造商认为他们需要一个强大的营销数据库来提升竞争力。

在竞争日益激烈的时代，企业若能恰当地运用数据库营销，将能更好地满足客户需求，发挥在维系客户和提升销售额方面的关键作用。

数据库营销的条件

数据库营销的首要任务是建立一个动态的数据库，随时可以扩充和更新。通过对该数据库的分析，可以帮助企业准确确定目标消费者，并灵活地满足他们的需求，以有效地传递产品和服务信息。

通常情况下，数据库营销需要经过数据采集、数据存储、数据处理、数据共享、数据库运用和管理等一系列步骤。

为了保证企业收集到的数据信息准确无误地存储到建立的数据库中，可以选择以下两种方式：一是企业自行处理这项工作，二是将其外包给专门的数据库服务公司。

同时，企业还需借助计算机软件对无序的原始数据进行处理，使其转化为有条理的数据库，并满足产品开发部门、营销部门和公共关系部门的需求，实现数据库的共享。

如果企业的各个部门不共享客户信息，则无法实现协同工作和共同信息的利用。因此，企业应加强信息化管理，实现资源和信息的共享，并定期组织部门间的群策会议。

四、数据挖掘技术的应用

数据挖掘是从庞大数据库中提取人们所关注的有用信息，这些信息通常是隐含、未知的。这种提取过程产生的知识可以表示为概念、规则、规律、模式等。

导入案例

沃尔玛对数据的挖掘

一般而言，啤酒与尿布被认为是不同的商品。然而，沃尔玛通过数据挖掘的结果显示，在居民区，尿布畅销的店铺也会有良好的啤酒销售额。背后原因很简单，当太太让先生去楼下购买尿布时，先生们往往会给自己奖励两罐啤酒，因此啤酒和尿布一同购买的机会最多。这个发现源自一个现代商场智能化信息分析系统，被公认为是商业领域数据挖掘的里程碑。沃尔玛的信息系统采用先进技术，具有投入大、功能全、速度快、智能化和全球联网等主要特点。目前，沃尔玛中国公司与美国总部之间通过卫星传送联系和数据。此外，沃尔玛还能够多渠道收集详细的客户信息，并建立灵活高效的供应链信息技术系统。沃尔玛的运营模式已经超越了企业内部管理系统（ERP）和与外界沟通的范畴，而是建立了一个全球供应链，将自身作为链条的主导者，连接生产厂商和消费者。因此，沃尔玛能够参与上游厂商的生产计划和控制，并能够快速将消费者的意见反馈到生产环节，根据客户需求开发定制产品。

首先，进行客户画像。交互设计的奠基人阿兰·库伯最早创造了"用户画像"这一概念。用户画像又被称为人群画像，通过分析用户的终端信息、位置信息以及消费等多样的数据，为每个客户添加了人口统计特征、消费行为和兴趣爱好的标签。运用数据挖掘技术（如分类、聚类、RFM等），对客户进行分群，提升客户的全方位描述，助力运营商深入了解客户的行为偏好和需求特征。

其次，精确营销和个性化推荐。企业可以在对客户画像进行充分了解的基础上，深入认识客户特征，建立准确的与业务相匹配的关系，满足客户的需求，实现精确的营销活动。通过利用客户画像信息以及客户的行为习惯和偏好等方面的数据，企业可以为客户提供定制化的服务，改进产品和定价机制，实现个性化的营销和服务，提高客户的体验和感知。

最后，客户生命周期管理。客户生命周期管理涵盖新客户获取、客户成长、客户成熟、客户衰退和客户离开五个阶段的管理。获取新客户阶段，可以利用算法来挖掘和发现具有潜力的客户。在客户成长阶段，可以通过使用关联规则等算法进行交叉销售，从而提高客户的平均消费金额。当客户进入成熟期时，可以运用大数据方法来对客户进行分群，如使用 RFM 模型或聚类分析等方法，并针对不同客户实施精准推荐策略，同时还可以实施忠诚计划。在客户衰退期，可以通过一系列措施来挽留客户能够延长他们与公司的关系。例如，可以通过定制化产品或服务、提供个性化的推荐、改善客户体验等方式来增强客户的忠诚度。

另外，需要进行流失预警，并提前发现有高流失风险的客户，并进行相应的客户关怀；在客户离开阶段，可以通过大数据分析客户行为，定制个性化服务来减少流失。

五、人工智能技术的应用

人工智能是研究用计算机来模拟人类思维与智能行为的一门学科，涉及计算机智能原理和开发人类智能的高层应用。

人工智能逐渐发展，企业纷纷推出电子自助设备、电话语音系统等人工智能技术，既能满足客户需求，又能降低运营成本。例如，自助提款机、自助售货机、航空公司的自助订票系统、电信企业的自助充值系统、旅馆的自助结账系统以及金融系统的网上银行，都属于人工智能应用。随着互联网的广泛普及，基于网络的人工智能已经成为电子商务的关键组成部分。通过订单处理、库存管理，以及即时技术支持和客户指令修改，互联网人工智能解决方案可以让客户、业务伙伴和员工，无论何时何地都能获得所需的信息。

（一）人工智能在客户关系管理中的作用

人工智能能够与客户进行智能沟通，采用智能语音客服，充分利用语音识别和语音数据挖掘功能。对于简单的问题，语音客服可以直接回答；而对于复杂问题，则会转接人工服务以解答客户疑问。智能的文字客服会记录客户在网上银行和电子银行上的操作，通过后台系统智能地分析客户可能会遇到的问题。当客户点击客服按钮时，智能的文字客服会向客户提供问题以及最近客户有过的热点问题。只要点击问题或者提问其他内容，智能文字客服会迅速回答。人工智能应用语音、人脸识别和情感感知技术，辨识客户并在交流中了解客户需求，及时回答问题、介绍产品、引导操作。机器人可以在客户输入数据办理业务时，分析数据并智能地向客户推荐产品，以满足客户需求。

导入案例

京东无人商店

无人商店刷脸系统

电商巨头京东最近推出了"无人版"京东便利店和无人超市,旨在让无人零售这一新业态真正走向市场。然而,无人零售业态面临的问题依然存在,包括高成本和落地困难。为解决这些实际问题,京东采取了一些策略。

首先,在打造无人便利店方面,京东致力于创建性价比最高的无人便利店。它们推出了名为"D-MART"的门店解决方案,其中包括智能货架、感知摄像头、智能结算台等模块化组件,可适用于便利店、超市、加油站和机场等多个场景。这一方案的目标是实现现有门店的智能化改造。京东的无人便利店不仅引起了传统零售行业的关注,更重要的是,它们通过智能结算台等技术创新,解决了传统便利店的人工成本问题。

其次,京东通过降低人力成本推进无人化。将进销存系统融入"掌柜宝"进货App中,使店主可以通过智能手机扫描商品二维码进行记录,从而避免了传统B2B平台对扫码枪和智能收银台等硬件设备的需求。这种简捷、廉价的方式,为店主提供了技术解决方案。与此同时,京东还引入了更多服务项目,如代收(送)包裹和社区维修,增加了店主的盈利点。

最后,京东注重数据分析和场景优化,以实现更精准的运营。它们打造了一个名为"流量漏斗"的系统,通过感知摄像头收集客流数据,并分析用户属性,形成店内外流量转化模型,为线下精细运营提供数据支持。此外,通过智能货架和人脸识别摄像头,店主能够远程监控店内客流和商品信息,实现更好地陈列和管理。

无人零售是未来行业的趋势,而京东通过技术创新和数据分析为传统零售提供了智能化改造的可能性。虽然技术投入可能增加一些成本,但随着技术的进步,这些成本将逐渐降低。未来的无人零售将更加注重人、货和场景的综合运营,以向更大的市场拓展。京东的努力和创新展示了无人零售的无限可能性。

(二)通过人工智能开展客户关系管理的要点

就技术掌握能力强且对新事物充满好奇心的客户而言,他们非常愿意采用人工智能。因为这能够帮助他们省去时间、金钱和精力等各种成本,使他们在接受服务时更加方便、灵活,并且能够对服务过程有更多的掌控权。这些客户不仅能够享受到人工智能技术带来的乐趣,还能够从中获得利益。然而,对于焦虑且缺乏基本操作技巧、对新事物感到恐惧的客户来说,他们通常不愿使用人工智能,甚至会避免接触。在这种情况下,客户经常感到忧虑、困惑甚至烦躁。他们常常因为面子问题而不敢尝试，担心出错、失败或者遇到意外等，在心理上对人工智能服务产生了负面观感，认为其安全性低、操作烦琐等。因此，在提供人工智能服务时，企业需要重视以下几个方面。

1. 提供更优质的用户体验

人工智能所带给用户的体验价值应该超过原有的服务，或者至少保持同等水平。例如，它能节省时间、减少人力成本或提供更高的便利性。否则，用户可能更偏好传统的服务方式。

2. 解决技术障碍

人工智能的界面需友好，让用户易操作。以银行和零售领域为例，其成功缘于网上银行与电子商务已较成熟，客户对自动系统和电子信息交换系统亦适应良好。

3. 降低风险忧虑

为提高人工智能设施和设备的性能，确保其提供可靠稳定的服务，应在人工智能终端配备专门服务人员，并对其进行专门培训。这样可以随时为客户提供帮助，减轻他们的心理压力和技术焦虑，使操作更加顺畅。

4. 用户培训

为方便客户操作，我们提供相关技术培训，帮助他们掌握使用人工智能技术的技巧。这不仅减少了客户的操作困扰，还加强了企业与客户之间的互动，树立了良好的客户评价。

5. 鼓励回馈顾客

为促进客户参与人工智能服务，企业应积极引导客户使用自助系统处理那些不需要亲临前台的业务，同时给予使用人工智能服务的客户适当的奖励和回报。

案例育人

立足创新驱动，不断开拓新的市场和业务领域，积极引进新技术和新产品，提高企业的创新能力和竞争力，从而赢得更多的客户和市场份额。

> 课中实训

实训一：客户管理技术的发展

实训目标：

学生能通过小组合作的形式，了解客户管理技术的变迁与发展，帮助学生理解运用技术手段进行客户管理的时代性。

任务描述：

医院客户关系管理是客户关系管理在医疗卫生行业中的应用，它是在客户关系管理理念的基础上，结合医院的特殊性，在医院管理理念和服务理念下，利用计算机技术、通信技术、多媒体技术等现代信息技术在医院与患者之间的服务过程。医院是具有一定福利性质的社会机构，医院提供的医疗服务是专业化服务，具有很强的特殊性和风险性。医院的患者关系管理就是通过各种渠道加强与患者的沟通，建立患者档案，充分了解患者当前和潜在的医疗服务需求，不断调整和优化医疗服务方式和质量，为患者提供特殊关怀，让患者满意的过程。提高患者满意度，打造优秀的医疗体系，实现医院与患者的双赢。

任务要求：

分小组讨论以下问题：与制造业相比，在医疗行业实施客户关系管理是否能够提高患者满意度？为什么？最后将任务的成果填写在下表中。

实训二：新技术在客户关系管理中的应用

实训目标：

学生能进一步了解数字化技术在客户管理中的应用，深度分析目前新兴技术在客户管理中的应用趋势。这个实训有利于培养学生钻研精神和创新精神，紧跟时代步伐。

任务要求：

以小组为单位讨论：与制造业相比，在医疗行业实施客户关系管理是否能够提高患者满意度？为什么？最后将任务的成果填入下表中。

课后提升

知识梳理与归纳：（请绘制本项目的思维导图）

思考总结与心得分享

第五章

客户识别与开发

知识目标

- 熟悉客户信息收集与规整的基本方法。
- 了解客户画像制作的内涵。
- 能把握客户信息的选择技巧。

能力目标

- 能独立制作客户画像。
- 能做好各类型目标客户的开发工作。

育人目标

- 新时代环境下,培养求真务实的职业素养。

> 课前自学

一、客户信息收集与规整

进行客户信息收集是建立和维护客户关系非常重要的一环,一个详细的客户信息收集过程,可以帮助你更好地了解客户并满足他们的需求,那么在开展客户信息收集时,需要用到什么样的渠道、遵循什么样的原则呢?

(一)信息收集渠道

表 5-1 信息收集渠道

在线表单	在你的网站上创建注册或联系我们的在线表单,客户可以在上面填写信息;
电话沟通	在与客户的电话交流中,主动询问他们的信息;
电子邮件	通过邮件征询客户信息,例如,在订阅时;
社交媒体	通过社交媒体平台与客户互动,收集信息;
活动和展会	在活动或展会上收集参与者的信息;
市场调查	制作调查问卷,获取客户反馈和信息。

1.在线表单。在线表单是一种非常常见的收集客户信息的方式。例如,购物网站可以设置一个在线预订表格,客户可以在表格中填写他们的姓名、电话号码、预订日期和时间以及用餐人数等信息。这样一来,企业就能够迅速了解客户的需求,并及时为他们安排就餐座位。

2.电话沟通。电话沟通是一种获取客户信息的常用渠道。例如,一个保险公司的销售代表与潜在客户进行电话销售时,可以主动询问客户的年龄、职业、家庭情况等信息,以便为他们提供更加个性化的保险方案。

3.电子邮件。电子邮件是一种常见的征询客户信息的方式。例如,一个电子商务网站会在客户进行注册时要求填写一份包含姓名、地址和电子邮件等信息的订阅表格。通过这些信息,电商网站可以向客户发送推广邮件和特价信息,提高客户参与和购买率。

4.社交媒体。社交媒体是获取 I 世代客户信息的重要途径。例如,一家健身俱乐部可以设置一个参与竞赛的活动，要求客户在社交媒体上点赞、留言或分享相关内容，并提供他们的联系方式作为参与资格。通过这种方式，健身俱乐部可以与潜在客户建立联系，并向他们发送促销信息和会员福利等内容。

5. 活动和展会。品牌组织各种类型的线下粉丝活动。例如，比亚迪可以在汽车展会上设置展台，通过"填写问卷即可获得礼物"的形式，包括他们对汽车品牌的偏好、购车意向和联系方式等信息。这样一来，汽车制造商就能够更好地了解潜在客户的需求，并向他们提供有针对性的宣传和营销活动。

6. 市场调查。市场调查是一种系统地获取客户反馈和信息的方法。例如，电视台可以制作一份调查问卷，通过电视节目、网站或社交媒体平台向观众征询意见和反馈。通过分析这些调查结果，电视台可以了解观众的喜好和需求，从而更好地制作和推出节目内容。

（二）信息收集步骤与原则

1. 确定收集目的。首先要明确收集客户信息是为了更好地了解他们的需求，个性化服务，还是用于市场营销等。

2. 合法合规性。在收集客户信息时，务必确保遵守相关的法律法规，如我国的个人信息保护法、欧洲的 GDPR、美国的 CCPA 等。客户需要知道他们的信息将如何被使用。

3. 选择信息类型。确定需要收集哪些信息，通常包括姓名、联系方式（电话号码、邮箱等）、地址、公司名称、职位、兴趣爱好等。

4. 透明度和明确性。在信息收集过程中，向客户清楚地解释为何需要这些信息，以及将如何使用这些信息。确保客户知道他们的数据将受到保护。

5. 数据存储与安全。确保客户信息得到安全存储，防止数据泄露和滥用。使用加密技术和安全的数据存储实践。

6. 允许选择。给客户提供选择，让他们可以选择提供哪些信息。这有助于建立信任并增加客户满意度。

7. 保持信息更新。定期与客户联系，确保他们的信息保持最新。可以通过发送电子邮件、提供个人资料页面等方式实现。

8. 个性化利用。使用收集到的信息为客户提供个性化的服务和推荐。这有助于增强客户体验和忠诚度。

9. 数据保留政策。制定数据保留政策，明确客户信息将在何时删除或匿名化，以及删除机制。

10. 客户隐私权。尊重客户的隐私权，不会将他们的信息分享给未经授权的第三方。

11. 培训员工。如果你有团队协助信息收集，确保他们了解数据保护和隐私原则，以及正确的信息收集流程。

12. 定期审查。定期审查收集信息的过程，确保它与法规和最佳实践保持一致，并根据需要进行调整。

> **素养形成**
>
> 在收集客户信息时，一定要依法遵法，注意保护客户隐私，一切的客户信息使用应当是在客户同意的情况下开展。

（三）信息搜集后规整

1. 随手录入客户信息，不错过任何商机。对于任何一家公司而言，客户资源是其命脉。销售人员通过各种渠道获取客户，如微信、QQ、名片、电话等，这些渠道都是非常珍贵的。使用口袋助理后，销售人员手中的散落客户将会被集中到公司的客户库中，统一管理。不用担心像传统的表格或名片那样，客户数据会轻易丢失。

2. 添加客户动态，追踪员工的销售过程。销售人员在跟进客户时，记录的沟通重点或电话录音可以直接在客户信息中查看。从跟进记录开始，直至成交，管理者都能通过查看这些记录，清楚了解客户的销售过程。如果销售人员离职，将其客户交接给其他同事时，除了能看到联系方式，还可以回顾与客户的历史跟进记录，交接变得简单易行。

3. 结合客户数据和成交业绩，随时了解业务状况。将客户数据和成交业绩结合起来，管理者能够更好地了解公司的销售业务情况。例如，可以通过意向客户的数量和最终转化为成交客户的比率，对未来业绩进行预估。通过观察公司最近意向客户的数量，可以判断未来的业绩趋势。

4. 随手打标签，完善客户信息。由于客户数量众多，如何根据不同客户制定销售策略呢？这就需要通过给客户打标签的方式来完善客户信息。例如，可以标注客户公司的规模、所在区域、感兴趣的商品以及购买意向等。客户画像越完善，销售人员对客户的了解也就越深入。

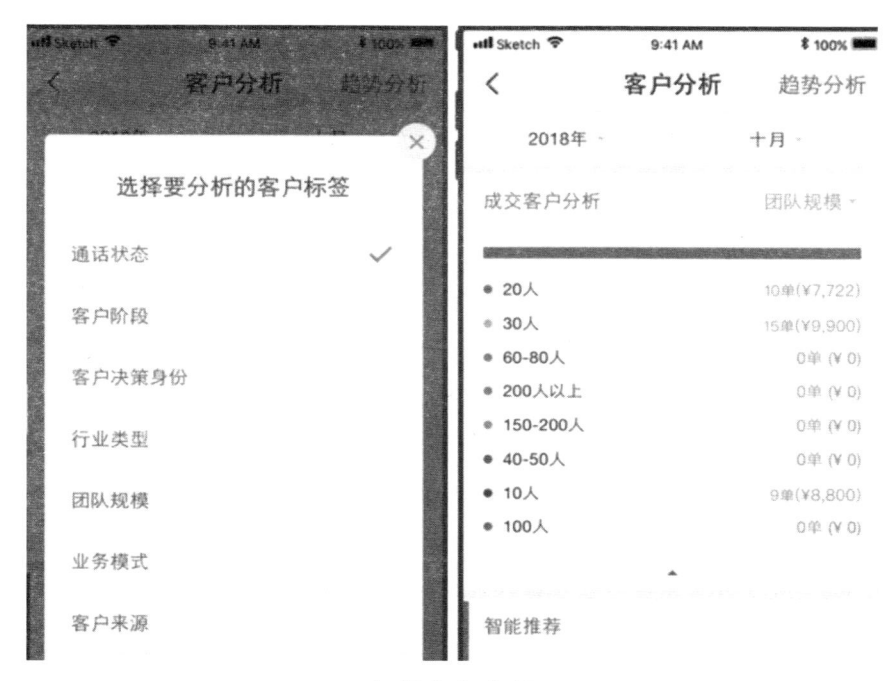

标签化与分析

5. 客户分析报表，督促员工高效工作。通过客户分析报表，可以得知销售人员本月拜访的客户数量、未及时跟进的数量，以及从拜访到成交的转化率等信息。例如，管理者通过查看客户分析报表，发现销售人员每月拜访客户和跟进客户数量在减少，结合最近的工作状态，可以判断工作是否有松懈之处，进而针对性地指导该员工的工作。

引入案例

客户的有效识别

小高是一个电信营业厅的大厅服务员。有一天，一位客户走进了营业厅，他对一项叫作"一号双机"的业务产生了兴趣。以下是他们的对话：

小高：您好，请问有什么需要帮忙的吗？

客户：你们这里有一个叫作"一号双机"的业务吗？我想了解一下。

小高：当然有，"一号双机"是我们电信公司提供的一项新服务。简单来说，就是在您原有的固定电话基础上，再额外送您一部手机。但在详细介绍之前，我想先了解一下您是否已经有了我们电信公司的固定电话呢？

客户：嗯，不好意思，我之前的固定电话是网通的。

小高：没关系，谢谢您告诉我这个信息。由于您的固定电话是网通的，所以暂时不能使用"一号双机"业务。我非常抱歉。

从上述案例中我们可知，在销售过程中首先要了解客户的需求，确认客户是否适合这个产品。如果不了解客户的情况就盲目介绍产品，很可能无法成功完成销售。而要正确地识别客户，重新来过，小高应该这样展开对话是否更合适呢？

客户：你们这里有一个叫作"一号双机"的业务吗？我想了解一下。

小高：有的，"一号双机"是我们电信公司提供的一项新服务。简单来说，就是在您原有的固定电话基础上，再额外送您一部手机。不过在介绍详细内容之前，我想先问一下，您家里是否已经有了我们电信公司的固定电话呢？如果没有，您也可以考虑增加一部或者替换成咱们电信的固定电话，即可享受这项优惠服务了。

通过谈话，小高先确认了客户对业务的需求情况，然后再详细介绍了"一号双机"的业务及获得方法。生活中对于销售人员来说，通过观察和言语，了解客户的身份、职业、需求偏好和购买意向。

思考一下

回忆并思考下，你在生活中是否经常与客服（销售）人员进行沟通？你觉得他们的沟通效率如何？是否快速能够获取和识别你的需求？他们是如何做到的？

二、客户识别与画像制作

（一）客户识别

客户是企业的重要资源，也是新零售企业利润的源泉。企业要实现盈利就必须依赖客户的认可。因此，培育忠诚客户，并与有价值的客户保持长期稳定的关系，是企业获得持续竞争优势的关键。然而，并非所有客户都是企业的目标客户，而且不同类型的客户对企业利润的贡献差距可能很大。

因此，在上述客户信息收集与规整工作完成后，企业需要优先识别潜在客户，并将资源投放在潜力较大的客户身上，以挖掘客户的最大价值。要识别大潜力客户，客户的资料必须收集详尽，并且以客户画像形式呈现。

（二）制作客户画像

客户信息规整很重要的一步是为客户顺手打标签，这是为下一步客户画像的制作打下基础。而客户画像，即用户信息标签化是为了更好地了解目标客户群体，从而针对性地开展市场营销和销售活动。以下是制作客户画像的常规步骤。

1. 收集数据。收集关于客户的各种数据，包括基本信息（年龄、性别、地理位置）、职业、兴趣爱好、购买习惯、消费偏好等。这可以通过调查问卷、网站分析、社交媒体分析等方式获取。

2. 整理数据。将收集到的数据整理成可用的形式，可以使用电子表格或客户关系管理（CRM）系统。

3. 识别共同特征。分析数据，找出不同客户之间的共同特征和模式。例如，你可能会发现一些客户年龄在30~40岁，都对环保产品感兴趣，且购买力较强。

4. 创建用户分组。根据共同特征，将客户划分为不同的分组或群体。每个分组应该有一些共同的特征和特点。

5. 定义买家人物。为每个客户分组创建一个虚拟的"人物"或"角色"，代表该群体的典型客户。人物应该包括详细信息，如姓名、年龄、职业、兴趣、挑战、需求等。

6. 深入调研。通过调查、市场研究等方法，进一步了解每个客户人物的需求、痛点和购买动机。

7. 制作画像。使用图表、图像、文字等方式，将每个客户人物的信息呈现出来。可以包括人物的外貌、兴趣、目标、挑战等。

8. 验证和调整。将制作好的客户画像与实际客户数据进行对比，确保画像准确反映了实际情况。根据反馈和数据，进行必要的调整和优化。

9. 应用于市场营销。将客户画像应用于市场营销策略。根据不同的客户人物，制定定制化的营销活动和信息传递方式。

10. 持续更新。客户的需求和特点可能随时间而变化。因此，定期更新客户画像，以确保它们仍然准确。

案例剖析

新能源汽车客户画像

在新能源车推广初期，尤其是在不发达的二线以下地区，中老年消费群体占据相当大的比重，这其中有部分消费者是从低速电动车需求转化而来的。随着更多传统车企和造车新势力品牌进入新能源汽车市场，供消费者选择的新能源汽车品牌日益增加、新能源汽车续航等品质也在不断提升、更多的智能化配置加持，吸引了更多的年轻消费群体关注新能源汽车，这对于整个行业而言无疑是一个积极的信号。

从现有新能源车主与未来新能源车潜在车主年龄来看，30~50岁群体是目前新能源汽车消费主力人群，占比60%以上。从其所处人生阶段来看，已婚有子女的车主和准车主占比最高，均超过六成。

通过对比现有车主与潜在车主的年龄区间和人生阶段，我们可以发现，新能源汽车的消费人群日趋年轻化，20岁以下车主开始出现，20~30岁青年群体占比增加，这一区间的潜在新能源车主比现有新能源车主高出10%。与此同时，40~50岁及50岁以上中老年所占比重则随之降低。我们也同样可以从这些人群所处人生阶段得到印证，已婚有子女的潜在车主较之现有车主比重减少16%，而未婚的潜在车主比重增加13%。

从性别来看，与传统车一样，男性车主依然是消费主力人群。但与现有车主对比来看，潜在车主的女性群体稍高2%。从对经销商和用户的深度调研中我们获知，很多车主选择新能源车作为家里的第二辆及以上的车，而这部分人群中，绝大部分是买给家里女性成员的。

一线城市受车辆限号政策，购买新能源汽车抢号牌资源，现有车主有六成生活在一线城市；随着一线城市新能源号牌资源的减少，申请难度加大，新能源汽车潜在消费者占比减少，二、三线城市新能源基础设施的完善和消费习惯的形成，潜在消费者比重最高达到42%，同理，四、五线潜在消费者的比重提高到23%。新能源消费的主力市场由一、二线城市向三、四、五线城市转移。

无论是现有新能源车主还是计划购买新能源车的准车主，10万~20万元的年收入均是占比最大的区间，占比达到36%，其次是年收入10万元以下的家庭。通过对比，潜在车主年收入在20万~30万元比重家庭较之现有车主而言有所减少，而年收入在10万元以下区间比重却相对提高，这与车主年轻化具有一定的关联性。年收入在20万以下的潜在消费者占比61%，是主要的消费人群。

根据调研情况，潜在消费者对于新能源车的购车预算高于现有车主的购车价格。可以看到，10万~20万元车型是最受关注的价格区间，现有车主这一比重为46%，潜在车主这一比重提升至53%。次要关注价格区间为5万~10万元车型，现有车主这一比重为36%，潜在车主降低至30%。一、二线城市的潜在消费者受限购政策的影响将重视选购中高端价位的车型；三、四、五线城市的消费者处于燃油车向新能源车的转变初期，潜在消费者购买10万元及以下的中低价位的车型。

充电难、充电慢、续航里程短是潜在消费者关注的重要问题。对于期望的续航里程，潜在车主显然比现有车主期望更高，几乎全部的潜在车主认为新能源车应该至少达到300km续航里程，81%的潜在车主认为超过400km才更让人满意。

现在消费者购车受新能源补贴政策的影响存在较大的盲目性，一味追求高续航车型。在新能源补贴退坡后，购车价格增长，消费者的购车理念将回归理性，会重新评估真实的使用方式和续航需求，200km及以下的车型将有较大市场空间。

现有统计结果显示，搜狐等门口网站是现有车主和潜在车主使用最多的方式，占比37%；其次是新能源汽车垂直网站，现有车主这一比重为22%，潜在车主为30%，可见，潜在车主对于新能源汽车购买意愿强烈，更希望快速直接地获取更为专业的信息。新能源汽车消费者将更加重视车型之间的多维度对比，购车越来越趋于理性化。

1. 三四五线城市中30~45岁的客户消费群体，已经有一定的经济积累，对家庭的第二辆车的需求凸显，购买人群主体以男性为主，实际使用为女性较多，主要上班代步、接送孩子等短距离出行使用。

2. 三四五线城市家庭年总收入 20 万元及以下的客户群体需关注，家庭各种消费花费较大，消费者现有的消费能力和购买能力有限，倾向于购买经济、实用型的新能源汽车。

3. 四五线城市 25 岁及以下人群（未婚），刚踏入社会，收入较少，驾驶经验少，上班需要短途的代步工具。

4. 乡镇、农村市场摩托车、电动车、低速电动汽车升级的 50 岁及以上人群，年龄相对较大，家庭充电方便，中短途出行，更加注重车辆的使用经济性。

5. 三四线城市受充电难、续航里程的影响，消费者在使用中更关注车辆的续航里程这个刚性需求。

6. 消费群体对车辆的颜值、续航、智能化等配置的要求增高。

三、新客户开发

（一）新客户开发的步骤与流程

新客户开发是为了扩大业务，增加销售额和市场份额。吸引新客户不仅能带来新的收入来源，还有助于降低对现有客户的依赖，减轻市场风险。通过持续地吸引和满足新客户，企业能够实现长期的可持续增长和成功。

1. 市场研究和目标定位

在开发新客户之前，首先要进行市场研究，了解目标市场的需求、竞争环境和潜在机会。明确目标客户群体，包括其行业、地理位置、规模和偏好。通过市场研究，可以了解目标客户的特点和需求，进而指导你的营销策略和资源分配。

2. 制定整合营销策略

制定一个整合营销策略，结合多种渠道和方法来吸引新客户。这可能包括内容营销、社交媒体推广、参加行业展会、邮件营销等。确保你的策略与目标客户的特点和偏好相匹配，以提高吸引新客户的效果。

3. 建立有吸引力的品牌形象

一个有吸引力的品牌形象能够吸引新客户的注意力。确保你的品牌在市场中能够凸显出独特性和价值，使其成为潜在客户的首选。

4. 创造有价值的内容

通过创造有价值的内容，如博客文章、白皮书、视频等，向潜在客户展示你的专业知识和解决方案。这有助于建立信任，并吸引客户与你互动。

5. 个性化营销

根据潜在客户的需求和兴趣，进行个性化的营销。利用收集到的数据，为每个客户提供定制化的信息和建议，使他们感到被重视。

6. 建立合作关系

与潜在客户建立积极的合作关系。提供咨询、演示或免费试用，让他们了解你的产品或服务，并体验其价值。

7. 提供优质的客户服务

确保在吸引新客户后，提供优质的客户服务。满足客户的需求，解决问题，并与他们保持沟通，以建立长期的合作关系。

8. 制订销售计划

制订明确的销售计划，包括销售目标、销售流程和跟进策略。确保销售团队了解如何与新客户互动，以提高转化率。

（二）新客户开发关键事项与策略

1. 新客户开发关键事项

在开发新客户的过程中，还需要注意以下关键事项。

（1）知晓客户需求。在营销和销售过程中，充分了解客户的需求和问题。只有真正满足客户的需求，才能建立长期的合作关系。

（2）不要过于推销。避免过于侵入式的推销策略。尊重客户的时间和空间，提供有价值的信息，而不是过于售卖。

（3）建立信任。建立与客户的信任是至关重要的。承诺并提供可以兑现的价值，避免虚假宣传。

（4）保持灵活性。市场和客户需求都在不断变化，因此保持灵活性，及时调整你的策略和方法，以适应变化。

（5）分析和改进。不断分析你的营销和销售绩效，了解哪些策略有效，哪些需要改进。持续优化你的方法，以取得更好的成果。

2. 新客户开发的其他事项

开发新客户是企业成功的关键之一。通过市场研究、综合营销策略、个性化营销和建立合作关系，你可以吸引新客户、建立强大的品牌形象并增长业务。但还有其他一些关键策略可以帮助你在客户开发方面取得成功。

（1）口碑营销。通过客户口碑吸引新客户。提供超出期望的产品或服务，并鼓励客户分享他们的积极体验。积极回应客户的反馈，处理投诉，并采取行动解决问题，以树立良好的口碑。

（2）合作伙伴关系。寻找与你业务相关的合作伙伴，并建立互利共赢的合作关系。共同推广、互推客户或进行联合营销活动，可以提高你的曝光度，吸引新客户。

（3）客户参与和忠诚计划。鼓励客户参与你的业务，如参加用户反馈调查、提供评价或意见等。建立忠诚计划，奖励忠诚客户，促使他们继续选择你的产品或服务，并成为品牌的忠实支持者。

（4）持续改进和创新。不断寻求改进和创新的机会，提升产品或服务的质量和创新性。这将使你在市场中保持领先地位，并吸引新客户寻求新颖和高质量的解决方案。

（5）资源优化。合理利用你的资源，确保在吸引新客户方面的投入产出比。根据市场需求和预算，确定最有效的渠道和方法，以实现更高的转化率。

（6）数据分析和追踪。利用数据分析工具来跟踪你的市场活动和销售表现。了解来源和转化率，识别哪些渠道和策略最为有效，以便做出更明智的决策和调整。

（7）持续学习和创新。保持对市场趋势和竞争动态的敏感，并不断学习和适应变化。尝试新的营销方法和技术，以应对不断变化的市场环境。

最重要的是要持续关注客户的需求和市场变化，灵活调整你的策略和方法。与客户建立良好的关系，并提供有价值的解决方案，将帮助你吸引并保留新客户，实现业务可持续增长。

> **思考一下**
>
> 你是一名销售人员，遇到了两名客户。
>
> 1号客户对你介绍的产品、提出的购买感兴趣，一直在与你进行积极讨论。
>
> 2号客户却总是对你说："这款产品的外观不太符合提供的优惠力度，太小了。"
>
> 作为销售人员，你认为这两名客户哪个是潜在客户，请说明理由。

拓展阅读

客户分类的发展

客户细分的起源可以追溯到市场营销的发展历程。随着商业环境的不断变化和消费者需求的多样化，企业意识到将市场细分为不同的客户群体是更有效地满足需求、实现竞争优势的重要策略。

在过去，广泛地应用统一的市场营销策略是常见的做法。然而，随着市场的扩展和全球化的趋势，企业开始认识到不同的客户群体具有不同的需求、偏好和行为。这就导致对客户细分的需求，以便更精确地定位市场，提供更符合客户需求的产品、服务和营销信息。

1950 年至 1960 年，由美国学者温德尔·史密斯提出了一种将顾客分类的方法。

客户细分的概念开始出现，并逐渐在实践中得到采用。企业开始使用基本的客户特征（如年龄、性别、地理位置）来将市场分成较小的群体，以便更有针对性地营销。然而，这种最初的细分方式过于简单，无法准确捕捉不同客户群体的复杂需求。

随着数据分析技术的发展，从 20 世纪 70 年代到 80 年代，客户细分变得更加精细和精确。企业开始利用更多的数据，如购买行为、兴趣爱好、生活方式等来划分市场。这使得企业能够更好地了解客户，为他们提供个性化的解决方案。

在数字化时代的到来，客户细分变得更加复杂和精细。大数据、人工智能和机器学习等技术使企业能够实时跟踪和分析客户行为，进一步细化客户分类，并为客户提供高度定制的体验和服务。

总而言之，客户细分的起源可以追溯到市场营销的发展历程。从最初的简单特征细分到今天的数据驱动、个性化营销，客户细分的发展反映了企业对于满足不同客户需求的不断探索和创新。

> 课中实训

实训一：客户信息收集与规整

实训目标：

学生能通过小组合作的形式，为新零售企业制订客户信息的收集计划，帮助学生掌握客户信息收集与规整的基本方法。

任务描述：

对于一家公司而言，客户资源是其命脉。客户资源是客户信息转换的结果。因此，想要成为一名合格的客户服务专员，客户信息收集是一项极其重要的工作。本次实训任务就是设计一项信息收集与规整计划。

任务要求：

以小组为单位，搜索你周边的新零售企业，设计一份该企业真实客户的客户信息收集方案（线上结合线下，不少于 4 种方法），并将调研成果填写在表 5-1 中。

表 5-1 客户信息收集与规整

实训二：客户识别与画像制作

实训目标：

学生能通过小组合作的形式，通过执行实训一的客户信息收集方案，分析该企业的真实和潜在客户标签。该实训让学生掌握客户识别与画像制作能力。

任务描述：

客户标签画像使得企业对自身用户情况更加清晰化。因此，借助收集方案的实证调研，学生可以更加了解客户特点，进一步制作出客户标签以及客户画像。

任务要求：

以小组为单位，根据实训一设计的客户信息收集方案，选择合适的信息收集器，深度分析客户特点并且打标签，并制作客户画像。

客户标签				
客户特点				

最后将任务的成果填写在表 5-2 中。

表 5-2　客户标签以及画像制作

课后提升

知识梳理与归纳：（请绘制本项目的思维导图）

第六章

CRM 系统的运用

知识目标

- 掌握 CRM 系统的意义。
- 了解 CRM 系统的功能。
- 了解 CRM 系统对企业的影响。

能力目标

- 具备使用 CRM 系统进行客户管理的能力。
- 能够根据 CRM 系统的数据进行客户服务方案。

育人目标

- 培育不怕困难、刻苦钻研、追求卓越的学习态度和拼搏精神。
- 树立勇于担当的科学精神和自由发展、创新创业的时代精神。

一、CRM 系统概述

（一）客户管理系统的定义

如果企业的客户群比较庞大，那么客户信息的调研、收集、登记、记录、更新、分析、分类和营销都必须基于平台和相应的软件系统。也就是说，企业需要建立一个快速、准确、动态的客户关系管理系统，以满足日益复杂的客户关系管理要求。

客户关系管理系统是以客户数据管理为核心，运用现代信息技术、网络技术、电子商务、智能管理、系统集成等多种技术，记录企业在市场销售过程中与客户发生的各种交互行为以及所有活动。客户关系管理系统的基本操作是：帮助企业记录和管理企业与其客户之间交易和互动的所有记录、分析和确定这些客户以及潜在客户的特征。

（二）客户关系管理系统的特点

1. 接触功能

客户关系管理系统必须能让客户以各种方式与公司联系，包括呼叫中心、直接联系、传真、移动销售、电子邮件、互联网和其他销售渠道，如中间商和经纪人。

客户关系管理系统必须支持或多或少的不同联系类型。公司需要对这些沟通渠道进行协调，以确保客户始终能以自己喜欢的方式与公司沟通，并确保来自不同渠道的信息是完整、准确和一致的。

2. 业务功能

企业中每个部门必须能够通过上述接触方式与客户进行沟通，而营销、销售和服务部门与客户的接触和交流最为频繁，因此，客户关系管理系统主要应对这些部门给予支持。

（1）营销自动化

营销自动化又称为流程营销，是一整套营销及相关活动，使营销人员能够计划、执行、监控和分析营销活动的效果，并利用工作流程技术优化营销流程。其目的是通过系统的开发、执行和评估，实现营销任务和流程的自动化。其目的是使组织能够在选择活动、渠道和媒体时合理分配营销资源，最大限度地提高销售额并优化客户关系。

（2）销售自动化

销售自动化是以主要基于信息技术的自动化方法取代最初的销售流程。

销售自动化可帮助销售机构和销售代表管理质量规划、有效的客户管理、销售预测、销售建议书的制定和演示、定价和折扣策略的制定、销售区域的分配和管理，以及建立和改进薪酬报告系统。

（3）服务自动化

服务自动化是指企业利用信息技术和资源，根据客户和顾客的基本信息和潜在需求，在一系列互动和沟通中的某一点上提示和协助客户服务人员，高效、快速、准确地响应客户和顾客的需求，并发展和保持与客户的关系。

例如，美国东北航空公司曾是一家拥有众多航线和众多固定资产的大型航空公司，但在20世纪80年代被迫关闭。关闭的原因并不在于服务质量或其他方面，而在于其他航空公司都有计算机系统，可以让全国各地的代理人进行查询、预订和更改航班，并实时通知客户航班的变化，而东北航空公司却不得不使用昂贵的长途电话。这是因为该公司继续采用人工方式运营，使用的是昂贵的人工电话服务。

3. 技术功能

客户关系管理系统的六大技术功能：信息分析功能、客户渠道集成功能、网络应用支持功能、客户信息集中仓库功能、工作流程集成功能和企业资源规划（ERP）集成功能。

此外，客户关系管理系统还可通过引入呼叫中心技术，增加电话、电子邮件、传真等不同的客户接入方式，并根据呼叫接入的差异提供不同的路由算法和基于经验的智能路由，增加和提高了与客户交流和沟通的效果。

同时，客户关系管理系统实施门户技术，与呼叫中心技术相结合，建立客户门户、合作伙伴门户、员工门户等，并针对不同类型的客户对象提供交互式语音应答，实现呼叫中心的所有功能，提高公司对客户请求的应急响应能力。

4. 数据库功能

数据库管理系统是客户关系管理系统的重要组成部分，是客户关系管理和信息技术思想的有机结合，是企业不同前沿部门开展不同活动的基础。从某种程度上说，数据库的功能比企业其他任何功能都重要：它能帮助企业根据客户生命周期价值区分不同的现有客户。它能帮助企业准确定位目标客户群。它能帮助企业在最合适的时间以最合适的产品满足客户需求,从而降低企业成本,提高企业效率。它能帮助企业将结果与最新信息相结合,建立客户忠诚度。

利用数据库这一有力工具,企业可以实现与客户有效的、可衡量的双向沟通,真正体现以客户为中心的管理理念,并通过与客户保持长期或终身的关系来维持和增加短期和长期利润。

客户关系管理系统的功能归结为三个方面:营销、销售、服务和信息技术三部分的业务流程支持;呼叫中心、在线沟通、电话、传真、邮件、直接客户接触等;上述两部分的信息功能利用数据挖掘技术,通过处理形成数据库和通过大协作对所有客户接触点等进行综合自动化处理。

引导案例

Walle——饿了么地推团队 CRM 系统

近些年,在市场竞争激烈的环境中,饿了么地推团队正迅速扩张。然而,管理庞大的地推团队带来了一系列挑战,如高成本和落地困难。为应对这些挑战,饿了么引入了一套名为 Walle 的内部管理系统。Walle 是饿了么内部员工使用的销售协同 CRM 软件,主要用于地推团队的管理。

Walle 系统通过收集丰富的业务数据并使用数学模型进行计算,提供了一个全面的管理解决方案。然而,需要更详细地了解 Walle 系统的具体功能和应用,以及它如何帮助饿了么地推团队应对挑战。

饿了么对 NBA 数据管理系统的借鉴,将数据思维引入地推团队的管理。它不仅收集员工的工作时间、业务量、业务增量等数据,还记录员工与商家的谈判细节和部门领导等业务相关信息。随后,系统使用数学模型对这些数据进行分析和计算,为团队提供各种维度的业务对比和绩效考核。同时,Walle 还能记录城市经理组织的会议内容,实现全面的绩效监控。

通过 Walle 系统,饿了么地推团队实现了高效的管理和绩效评估。系统不仅为团队成员提供了业务数据和目标,还通过数字化的方式激励员工的工作。Walle 系统将团队成员的工作状况量化,并通过每周和每月的数据公布,评估和激励团队的工作表现。它还能记录城市经理带领的区域经理中谁升职了，以及城市经理的管理能力提升情况。整个系统使得团队的业务状况一目了然，为总部提供了更好的决策依据。

> **思考一下**
>
> 思考下，Walle 为什么能推动饿了么地推团队的快速成长？他是如何通过数据驱动实现客户关系管理的？

二、CRM 系统的功能与分类

用户登录后默认进入悟空 CRM 客户管理界面，该系统由仪表盘、待办事项、线索、客户、联系人、商机、合同、回款、发票、回访、产品和市场活动 12 部分共同组成，其详细功能和使用方法见以下介绍。

悟空 CRM 客户管理功能

打开悟空 CRM 系统后，位于屏幕最上方的一栏即为系统导航栏，从左到右内容依次如下。

1. 系统切换图标。点击即可切换系统，包括 CRM 客户管理系统、HRM 人资管理系统、FS 财务管理系统、OA 协同办公系统以及 BI 商业智能系统。系统会根据您的具体购买情况而提供使用权限。如若购买 CRM 客户管理系统，则该系统为您登录后的默认界面。

2. 悟空图标/用户公司图标。无论当前页面的系统与位置，点击此处图标即可返回 CRM 系统的仪表盘页面。

3. 当前系统类型的英文简称。如您打开的是 CRM 系统，则会在此显示 CRM，提醒您当前系统类型，不可点击。系统切换后，如换为人资系统，则显示 HRM。

4. 仪表盘。悟空根据用户系统整体数据录入情况，主要显示七大数据之间的关联信息，具体包括销售简报、销售漏斗、合同金额目标及完成情况（回款金额目标及完成情况）、数据汇总、遗忘提醒、排行榜、业绩指标完成率。在此用户还可以动态管理客户、整体把握客户数据、实时感触客户变动。

5. 线索。点击即可进入线索管理模块，线索是客户产生机会的最前端，一般是举行活动、电话咨询、老客户介绍等多种方式获得的客户初级信息称为线索。打开线索管理页面后默认出现所有已添加的线索信息，首次使用的用户点击新建线索添加即可。

6. 客户。客户是指在销售过程中可能成交的企业。悟空CRM助力销售全流程，通过对客户初始信息、跟进过程、关联商机、合同等的全流程管理，与客户建立紧密的联系，帮助销售统筹规划每一步，赢得强有力的竞争力优势。打开客户管理页面后默认出现所有已添加的客户信息，首次使用的用户点击新建线客户添加企业相关信息即可。

7. 联系人。点击即可进入联系人管理模块，联系人指与客户企业对接时可进行沟通的对方企业负责人。此模块用于与客户关联的联系人的信息记录与管理。

8. 商机。所谓的商机就是销售机会，销售人员在与客户沟通的过程中，发现了客户的购买意向，从而推动客户从意向到实际购买的这个过程就是商机管理。该模块对商机不同阶段进行分类、跟进，快速了解商机动态的同时，帮助您多维度、跨销售结构地高效管理商机。点开商机板块，默认显示所有已创建商机。新用户点击右上角"新建商机"即可创建。

9. 合同。合同中将客户购买信息、订购的产品列表、回款管理等统一合同模块中展示。在悟空CRM中，合同数据是最重要的统计数据来源，通过和客户、产品、业务员等做关联，可以得出丰富的销售报表。点开合同板块，默认显示所有已创建合同列表。新用户点击右上角"新建合同"即可创建合同。

10. 回款。回款作为企业营销活动重要环节，针对特定销售订单，记录实际收到的款项。

悟空CRM系统，预置回款模块，与客户、合同建立关联关系，回款是合同签订之后，合同完成收到客户款项时建立的记录，可以与回款计划形成关联。点击即可进入回款管理模块，规范合同签订流程，追踪跟进每个合同的回款进度。默认显示所有已创建回款。新用户点击右上角"新建回款"即可创建。

11. 发票。发票开具是指法律、法规的规定在何种情况下开具发票，基于证明商品和资金所有权转移的需要、进行会计核算的需要和进行税收管理的需要，针对发票的管理，悟空CRM系统的发票管理模块，直接与客户模块和合同模块建立关联关系，同时可以直接将客户的合同信息同步到开票申请模块，方便企业使用，同时避免人员信息传递之间的错误。

12. 回访。回访是对已签订合同的客户持续跟进，培养客户忠诚度，与客户建立深度发展关系。点开回访板块，默认显示所有已创建回访。点击即可进入回访管理模块，对已完成交易（签订合同）的客户回访情况进行记录。

13. 产品。各种有价值的物品、服务、信息、人力、组织等，或者它们的组合都可以成为企业向客户提供的产品。产品可以是有形的或无形的，但是它们均可以被某种单位或单位组合进行度量，同时表明价值。而且产品作为企业提供服务的核心，整个企业的营销业务是围绕着产品展开的。悟空 CRM 系统，预制产品对象模块，提供用户完整的产品管理体系，支持产品价格、产品基本信息等的记录。点开产品板块，默认显示所有已创建产品。

14. 市场活动。企业可通过线下/线上活动探寻更多的潜在客户，吸引更多的客户关注和线索，并转化为客户资源。悟空 CRM 的市场活动管理，包括对市场活动全流程的计划和执行，以及所得数据的智能分析，及时追踪市场变化，有效进行活动调整，除了基本的客户获取情况以及目标客户的主要来源，更降低了获取线索的成本，为公司市场战略规划提供有力的数据支持，助力企业规划营销活动，控制营销支出，优化企业投入产出比。点开市场活动板块，默认显示所有已创建的活动列表，新用户点击右上方的"新建活动"即可创建。

15. OA 任务。点击即可查看当前系统用户任务列表（任务列表不包子任务，点击任务出现任务详情页，在此可查看子任务），任务可在客户、联系人、商机、合同板块进行创建，点击可查看各任务的详情与阶段，并对其进行操作。

16. OA 审批。客户企业内部，为了保障诸多规章制度的顺利进行，会有各种审批规则，对数据和操作进行核准，需要各级领导和相关职能部门进行审批操作。悟空 CRM 通过线上系统内审批流程，将企业内的各种制度在系统中体现，保证数据的正确性，并能及时地处理，提高企业内数据流转的效率。用户发出的所有审批信息的进程和结果均可在此查看。审批首页默认显示为与当前用户有关的所有审批信息。

17. OA 日志。点击进入日志板块。用户可查看下属以及自己的所有日志，并撰写评论或点赞，增加员工互动。

18. OA 通讯录。在此可查看公司内部各个部门员工的联系方式。

19. OA 日历。CRM 系统中所有需要提醒的时间点均会自动同步至用户日历。

同时用户可添加自定义类型的提示内容。

20. 公告。此处显示公司群公告，点击后将打开公告栏。您可通过点击查看公告栏中的具体内容或在消息右侧点击"标记为已读"来消除该公告的提示。管理员点击公告栏右上方的"新建公告"来发布新的公告内容。

21. 通知。任何与您有关的办公审批、任务、日志、客户管理、日程、人力资源的信息变动都会在此处进行通知。您可通过点击通知栏中的具体内容或在消息右侧点击"标记为已读"来消除该通知的提示。

22. 帮助。点击后在页面右侧打开帮助中心，从系统向导、操作手册、视频介绍、提供反馈等多个渠道帮助当前用户更好地使用和理解系统。点开系统向导页面后，用户还可根据自己的理解对功能描述进行编辑和保存，保存后可同步更新至企业其他用户处，形成更具有企业特色的系统文案。

23. 企业管理后台（有后台管理权限的员工）。系统管理员可配置 CRM 系统各个板块的功能，使其更符合企业管理需求（组织架构，权限，审批流，自定义字段等）。

24. 用户头像。显示系统默认头像，您可在用户个人信息中进行更改。点击用户头像可对用户基本信息进行编辑与选择退出登录。

仪表盘支持调整数据的对象和时间。对象：仪表盘的数据内容默认显示为登录用户本人的相关数据，可在界面左上方进行选择，对象包含：仅本人、本人及下属、仅本部门、本部门及下属部门、自定义（自定义对象为公司组织架构的所有成员或部门）。同时支持点击某对象后将其保存为默认值，保存之后再次打开悟空 CRM，仪表盘界面的数据内容则显示为保存默认值的对象。时间：仪表盘的数据内容默认显示为本月的数据详情，点击可从天/周/月/季度/年度五个维度进行选择。支持自定义时间段选择，同时可将选择的任意时间段保存为默认值，保存后再次打开系统，仪表盘的数据信息即显示该默认时间下的数据。仪表盘支持对模块排序和选择性展示：点击页面右上方设置按钮，弹出仪表盘模块设置弹窗，拖动弹窗中相关模块可调节位置。点击开启/关闭按钮可设置该模块是否在仪表盘显示，点击保存按钮即可生效。

销售简报。销售简报对仪表盘所选时间段内的销售成果进行对比分析。分析对象包括您的客户、联系人、商机、合同、商机金额、回款和跟进记录，展现其在所选时间段内的增长情况。如果选择的时间单位为天/周/月/季度/年度，则增长情况会与上个单位时间内增长情况自动对比，结果以百分比形式展现。若在仪表盘中选择自定义时间段，则只会出现销售结果的增长情况，不会出现对比信息。其中新增合同显示配置有审批流的合同中，已通过审核的合同数。合同金额显示本月新增合同的金额总和。商机金额显示本月新增商机的金额总和。回款金额显示配置有审批流的回款金额中，已通过审核的回款数额。

  销售漏斗。销售漏斗在仪表盘所选择的时间段内对不同商机状态组的不同阶段的总金额或者数量进行统计。每个阶段的商机金额以漏斗的形式在此处体现，可直观看出从初始的验证客户阶段到最终成交阶段每个员工的成单率比例。

  合同金额目标及完成情况（回款金额目标及完成情况）。该处可对合同金额或回款金额点击切换，仪表盘筛选条件下审核状态为已通过的合同或回款的实际完成金额和目标金额。目标金额由管理员在企业管理后台设置，金额可具体到月份。但若筛选条件单位为周或日，则以虚拟形式展示月目标金额在该时间段内的平均值。

  数据汇总。数据汇总对仪表盘所选择的时间段内当前用户的客户、跟进、商机、合同、回款板块的数据变动进行统计，点击可查看相关数据详情。其中转成交客户表示客户状态更新为"已成交"的客户数量。合同即将到期处的提醒表示：合同提前提醒天数在企业管理后台统一配置，若未配置，则默认为提前七天提醒即将到期。回款金额显示配置有审批流的回款金额中，已通过审核的回款数额。预计回款显示回款计划中所添加的回款金额总和。

数据汇总

本部门及下属部门　2021.11.16-2021.11.25

客户汇总

新增客户	转成交客户	放入公海客户	公海池领取客户
56 个	8 个	2223 个	2223 个

商机汇总

新增商机	赢单	输单	商机总金额
56 个	8 个	2223 个	3000.00 元

合同汇总

签约合同	即将到期 警告	已到期 已到期	合同金额
56 份	8 份	2223 份	2000.00 元

跟进汇总　　　　　　　　　　　回款金额

跟进	新增未跟进	回款	预计回款
56 个	8 个	2220.00 元	2000.00 元

　　遗忘提醒。遗忘提醒对不同时间间隔的未联系客户进行统计，点击可查看客户详情并添加跟进记录或者对该客户外勤打卡。一旦您增加新的跟进信息，则该客户将自动从遗忘提醒中退出。

遗忘提醒

本部门及下属部门　2021.11.16-2021.11.25

超7天未联系的客户	超15天未联系的客户	超30天未联系的客户
6人	6人	6人

超3个月未联系的客户 警告	超6个月未联系的客户 警告	逾期未联系的客户 已逾期
6人	6人	6人

　　排行榜。排行榜在仪表盘所选择的时间段内对审核通过的回款金额、合同金额、合同数量、新增客户数、新增联系人、新增跟进记录6项数据中任意一项的员工排名及其相关数据的展示，最下方则单独显示您的个人数据情况。

　　业绩指标完成率。通过将仪表盘所选择的时间段内配置有审批流并通过审核的合同或回款金额中您的实际完成额与目标额进行对比得出。

业绩指标完成率

本部门及下属部门　2021.11.16-2021.11.25　　回款金额 ∨

86%
完成率

● 暂无目标　设置目标　● 完成金额　8600.00

三、CRM 系统与提升客户服务效率

（一）加强客户关系管理

客户关系管理是企业与客户之间的互动管理，涵盖了识别、建立、维护和分析客户关系的整个过程。客户关系管理系统是依靠客户数据进行分析和挖掘，实现对客户全周期的管理，包括客户信息记录、客户跟进、营销活动和客户分析等。

企业需要建立全面的客户数据库，记录客户的基本信息、消费行为、投诉反馈等。通过客户行为分析和行业趋势分析，精确把握客户需求，提升个性化服务水平，增强客户黏性和忠诚度。

（二）优化客户服务流程

客户关系管理系统可以大幅优化企业的客户服务流程，提高响应效率和服务质量。在客户关系管理系统中，企业可以自动分配客户服务任务，及时处理客户投诉和建议，提升服务速度和客户满意度。

此外，企业还可以通过客户关系管理系统建立客户服务评价体系，针对不同类型的客户服务行为设定不同的评价标准，及时发现服务短板，优化客户服务流程，提高服务质量。

（三）优化客户服务体验

基于客户关系管理系统，企业可以提供多种服务方式，包括在线客服、电话客服、邮件客服、社交媒体客服等，让用户享受更加灵活、便捷的服务体验。

为加强主观服务，企业还需在服务质量上下功夫，提供更加贴心的服务，帮助用户解决各种问题，提高用户的感知度和整体用户满意度。

（四）提高服务效率

客户关系管理系统的另一个重要优势在于提高服务效率。基于该系统，企业可以自动分配客户服务任务，实现任务派发、事件跟进、工单处理等一系列流程的自动化。这不仅可以节省人力和物力资源，还可以避免由于手工操作而导致的错误，并提高服务质量和效率。

（五）精准客户营销

除了帮助企业提高客户服务水平，客户关系管理系统还可以帮助企业实现精准客户营销。通过该系统，企业可以根据不同类型的客户制定不同的营销策略，提高精准营销效果。

客户关系管理系统可以根据客户行为、消费记录、偏好等多重维度对客户进行分类，并根据不同客户所处的生命周期设计相应的营销策略，实现服务转化，提升客户价值。同时，企业还可以通过客户关系管理系统实现客户画像，更准确地把握客户需求和挖掘客户价值。

总之，CRM系统是企业优化客户服务和提升用户满意度的高效手段。通过客户关系管理系统，企业可以建立全面客户数据库，实现全周期客户管理，并优化客户服务流程，提高服务效率和服务质量，实现精准客户营销，提升企业价值和客户满意度。

课中实训

实训一：掌握客户管理系统的相关基本概念和内涵

实训目标：

学生能通过小组合作的形式，搜集客户管理系统帮助企业获得成功的相关案例，帮助学生理解客户管理系统的基本概念和内涵。

任务描述：

客户管理系统是企业服务客户的重要工具。所以，了解企业客户管理系统的基本概念和内涵，是成为一名合格的销售或者客户服务专员的重要一课。

任务要求：

分小组进行，找到 1~2 家企业，搜集该企业关于使用客户管理系统的资料。最后将任务的成果填写在下表中。

实训二：熟悉客户管理系统的功能模块

实训目标：

学生能通过小组合作的形式，根据系统中的客户数据，通过登录客户管理系统进行客户信息录入，熟悉 CRM 系统中的功能模块并清晰每个功能的使用方法，帮助学生理解客户管理系统的基本概念和内涵。

任务描述：

客户管理系统是企业服务客户的重要工具。因此，想要成为一名合格的销售或者客户服务专员，了解企业客户管理系统的基本概念和内涵尤为重要。

任务要求：

（1）分小组进行，组成一个虚拟公司，小组人员分工明确，扮演不同岗位角色，推选一名组长为负责人，小组组长直接与老师交互，由老师分配任务到各小组组长，小组组长再按照岗位职责分配任务到各个同学。集体参与系统分析、系统实施与维护。

（2）合作完成项目集成工作。

（3）借助工具书，继续进行技能学习。

最后将任务的成果填写在下表中。

课后提升

知识梳理与归纳：（请绘制本项目的思维导图）

思考总结与心得分享

第七章

客户分类：提升业务并引领市场的关键

知识目标

- 理解客户分类的内涵意义。
- 了解客户分类的模型。
- 了解分类客户管理服务的方法。

能力目标

- 能够将客户群体按照营销内容进行准确分类。
- 根据不同类型客户实施针对性的服务能力。

育人目标

- 树立"以客户为中心"的服务思想。

一、客户分类的意义与策略——洞察市场，精准服务

客户分类在现代商业中扮演着不可或缺的角色。无论是传统实体店还是在线电商平台，了解如何有效地对客户进行分类，是成功的关键之一。客户分类的意义不仅在于更好地了解目标受众，还能够针对不同的客户群体制定针对性的营销策略，从而提升销售、增加客户满意度，并在市场中占据竞争优势。

在当今信息爆炸的时代，企业面临着越来越多的竞争对手，消费者的选择也变得更加多样化。在这种情况下，对客户进行分类成为一项至关重要的战略。通过深入了解不同客户群体的需求、偏好和行为习惯，企业可以更精准地定制产品和服务，从而提供更好的消费体验。

阅读拓展

在制定客户分类策略时，需要综合考虑多个因素，包括客户的地理位置、购买行为、兴趣偏好等。以地理位置为例，不同地区的客户可能因为文化、气候、经济水平等因素而有不同的需求和偏好。因此，针对不同地区的客户，制订针对性的营销计划，能够更好地满足他们的实际需求。

购买行为也是客户分类的重要依据之一。通过分析客户的购买频次、购买金额、购买渠道等信息，可以将客户分为高价值客户、普通客户、低价值客户等不同层次，进而制定相应的服务和促销策略。例如，对于高价值客户，可以提供定制化的服务，吸引其长期合作。

另外，客户的兴趣偏好也是客户分类的重要考量因素。通过监测客户在网站上的浏览历史、点击行为，可以了解他们对哪些产品或内容更感兴趣。这为企业提供了向客户推荐相关产品和内容的机会，不仅提升了客户满意度，也提高了交易转化率。

精心制定的客户分类策略能够使企业更好地了解客户需求，为其提供切实有效的产品和服务。这不仅有助于提升客户忠诚度，还能够吸引新客户的注意。客户满意度的提升将使口碑传播更加积极，从而吸引更多潜在客户的关注。

客户分类是现代商业成功的关键一环。通过深入了解客户需求，制定针对性的营销策略，企业可以在激烈的市场竞争中占据优势，赢得更多的市场份额。对于任何一家企业而言，客户分类都不仅是一项策略，更是一种洞察市场、精准服务的必要手段。

引导案例

Fit Well 健身中心的会员分类与定制服务

Fit Well 是一家连锁健身中心，拥有多个分店，提供健身训练、团体课程和健康咨询服务。为更好地满足会员的需求，Fit Well 决定实施一个会员分类策略。采用以下因素对会员进行分类和提供定制化服务。

健身目标。通过与会员的个人教练和健康咨询师的沟通，了解会员的健身目标，如减重、增肌、增强体能等。他们将会员分为"减重类会员""增肌类会员""综合锻炼类会员"等。

训练频率。Fit Well 记录会员的健身频率，将会员分为"高频训练会员""中频训练会员""低频训练会员"。

课程参与。分析会员参与的团体课程类型和频率，将会员分为"瑜伽爱好者""有氧训练爱好者"等不同类别。

健康状况。了解会员的健康状况，是否有特殊的健康需求或限制，为他们提供合适的训练计划和建议。

实施效果。Fit Well 的会员分类与定制服务策略带来了多个显著的效果，更精准地指导，个性化的训练计划和建议帮助会员更快地实现他们的健身目标，提高了满意度。

增加会员互动。定制化的团体课程和活动吸引了更多会员参与，增强了社交互动和归属感。

提高会员忠诚度。会员感受到中心关注他们的需求，从而增加了他们的忠诚度，降低了流失率。

销售增长。定制服务使得会员对中心的价值感更强，提高了会员续费率，带来了更稳定的收入增长。

口碑传播。会员因为得到了满意的服务，更有可能向他人推荐 Fit Well，带来口碑传播和新会员招募。

Fit Well 健身中心的会员分类与定制服务策略帮助他们更好地了解会员，提供符合其需求的个性化服务，从而提高了会员满意度、忠诚度和业务增长。这个案例凸显了如何通过深入了解会员的需求和目标，为他们提供有针对性的解决方案，从而在健身行业取得竞争优势。

> **思考一下**
> 你身边的品牌商家，有将客户准确分类的情况吗？请举例说明。

二、客户分类的模型：科学分析，精准划分

在客户分类中，采用合适的模型是至关重要的。客户分类模型能够帮助企业深入了解客户，实现科学分析，从而更精准地划分客户群体。以下是几种常见的客户分类模型，它们在不同情境下都发挥着重要的作用。

（一）地理分区模型

1. 模型原理

地理分区模型是根据客户所在的地理位置进行分类的方法。不同地区的客户在文化、气候、经济水平等方面存在差异，这些差异会影响其购买偏好和需求。通过对地理数据的分析，企业可以将客户分为不同的地理区域，从而更好地满足其需求。

2. 优势与应用

地理分区模型的优势在于能够实现针对性的地理营销。例如，在北方寒冷地区，针对保暖产品的推广可能更具吸引力，而在南方炎热地区，夏季清凉产品可能更受欢迎。通过了解不同地区的特点，企业可以制定更具针对性的促销活动，

提升购买转化率。

3. 案例分析

举例来说，某家户外运动用品店使用了地理分区模型进行客户分类。他们发现，在山区地区，徒步和登山的需求较大，因此推出了一系列登山装备和户外用品；而在沿海地区，水上运动更受欢迎，因此他们针对这些地区的客户提供了多样的水上用品。通过这一策略，该店的销售额显著增加，客户满意度也有所提升。

阅读拓展

肯德基在中国市场本土化的发展

为满足中国消费者风格多变的口味，肯德基的菜品推陈出新，创新力度大，制定了一系列适合中国发展的本土化营销策略，如肯德基将推出包含螺蛳粉在内的一系列快煮包装食品。

1. 产品策略本土化

（1）产品类型多元化

2002年之前，肯德基在中国的发展策略是尽可能给中国消费者保留正宗的美式口味。有关调查显示，早餐在中国人的心目中一直很重要，并且一直以来大多数中国人都青睐早餐喝粥，因为粥里面富含的营养比较均衡，所以早上喝粥经常是人们的首选。

因此在肯德基成熟期，肯德基特别成立了中国健康食品咨询委员会，聘请多位中国的专家、学者作为顾问，致力于开发新品。它在2002年推出了第一款粥。但它没有一味迎合中国人的口味而失去自己产品特色，在保留本真的同时努力适应中国人的饮食习惯。

此外，中国的传统节日是肯德基推出新品的黄金时期，比如在端午节推出粽子，中秋节就出月饼，元宵节就推出汤圆。既保留传统食物的形状外观，又有着不同的真材实料，很好地贴合了中国消费者的饮食需求。

（2）广告策略本土化

肯德基在中国的广告策略是采取全方面进行。比如，《沁园春·雪》中的名句"江山如此多娇"便被肯德基演变为"生活如此多娇"引入到广告语中，很好地将古诗词与广告词联系在一起；此外，中国人非常注重家庭观念，因此肯德基推出了一系列套餐产品，比如各式的儿童套餐、情侣套餐、全家桶等。这些活动看似普通实则体现了其别出心裁，让消费者在享受美食的同时也感受到了温馨、团圆、阖家欢乐的氛围，一举两得。近些年在面对品牌老化乏力的问题，肯德基没有坐以待毙，开始在中国区启用王俊凯、王一博等人气明星来进行流量推持，注入了年轻的活力。

2. 价格策略本土化

肯德基在华价格策略本土化主要通过组合定价来体现：就是将主食与各种小吃、饮料、甜点等组成多种套餐，这些套餐都会比单点便宜很多，因而也受到多数消费者的青睐。一方面它通过抓住消费者心理特点，利用价格优势吸引了消费者，使其感觉很实惠；另一方面也增加顾客点餐速度，提高餐厅工作效率，不失为两全其美的办法。

3. 对跨区域企业的启示

（1）增强产品创新能力

肯德基从一个洋快餐开始在中国发展，没有故步自封，反而取长补短，达到让竞争者难以企及的成就。而且它没有目光短浅，守着炸鸡这一独有优势，而是不断创新、进步，精准定位中国市场的产品，以期更上一层楼。

这也为我们本土跨国企业的对外发展指引了一条正确的道路，我们要想提高海外市场的占有率，刻不容缓要解决的就是自主创新薄弱的问题。只有不断进行产品创新才会让企业长远发展，同时也能在国外市场大浪淘沙，区别于其他企业，突出自身特色，尽可能满足不同消费者多元化的需求。

（2）树立企业品牌形象

肯德基山德士上校白胡子的形象已经深入人心，但回顾我们的中国餐饮品牌，很难找出一二与之媲美。品牌形象一直以来都被看作企业的无形资产，建立良好的企业品牌形象，不仅可以吸引一大批忠实的用户，而且还可以使企业在国际竞争中拥有领先地位。尤其在我国企业进入国外市场的初期，由于经验不足，难免会四处碰壁，遇到一些未知的阻碍，这时良好的信誉和企业品牌形象的作用就不言而喻，它可以使我国企业逐渐走出低迷的困境，重获广大消费者的信赖和支持。

如果我国企业想要走出国门，参与到国际竞争当中，并取得一席之地的话，可以借鉴它们在其他国区域本土化战略中的创新之处，择善而从、择优而行。只有这样才能不断完善和提高自身，使自己有能力参与到国际竞争中。

（二）行为分析模型

1. 模型原理

行为分析模型通过分析客户的购买行为、浏览历史等数据，将客户分为不同的行为类型。这有助于预测客户的购买意向，从而有针对性地推送相关产品和促销活动。例如，忠诚客户往往有稳定的购买模式，可以通过定期促销活动来增加他们的购买频次。潜在客户可能需要更多的引导和信息，可以通过提供详细的产品介绍和用户评价来激发其购买兴趣。

2. 优势与应用

行为分析模型的优势在于能够实现个性化推荐和精准营销。通过分析客户的行为数据，企业可以了解客户的购买偏好、浏览习惯等信息，从而为其推荐最合适的产品。这不仅提高了客户满意度，还提升了交易转化率。

3. 案例分析

考虑一家在线图书商城，它使用了行为分析模型来优化用户体验。根据用户的浏览历史和购买记录，系统会向用户推荐与其兴趣相关的图书。例如，如果用户经常浏览科幻小说，系统会向其推荐同类型的畅销图书。这种个性化推荐不仅提高了用户的购买意愿，还增加了用户对该商城的黏性。

（三）兴趣偏好模型：洞察客户心声，精准推荐

兴趣偏好模型是一种基于客户在网站上的行为进行分类的方法，旨在分析客户对不同产品或内容的兴趣。通过监测客户的点击、浏览行为，企业可以更准确地了解客户的兴趣，从而向他们推荐相关的产品和内容，增加购买可能性。这一模型的应用为企业提供了与客户互动的机会，进而提升客户满意度和销售转化率。

1. 兴趣偏好模型的运作方式

当客户在网站上浏览不同页面、点击不同产品时，他们的行为数据会被收集和分析。这些行为可以涵盖多个方面，如浏览历史、点击频率、停留时间等。通过对这些行为数据的分析，企业可以揭示出客户对哪些主题、类别感兴趣，进而绘制出客户的兴趣偏好画像。

2. 精准推荐的机会

兴趣偏好模型为企业提供了向客户精准推荐产品和内容的机会。举例来说，在一个电商平台上，如果一个客户频繁浏览家居用品，系统可以根据他的兴趣，向他推荐相关的家居产品。这样的推荐不仅增加了客户的购买可能性，还提升了客户的购物体验。

（四）生命周期模型：引导客户成长，提升忠诚度

生命周期模型将客户的互动过程划分为不同的阶段，每个阶段对应着客户在购买过程中的不同需求和心态。这种模型的应用有助于企业为不同阶段的客户提供精准的信息和服务，从而引导客户顺利完成购买，并提升客户忠诚度。

1. 生命周期模型的阶段

生命周期模型通常包括以下几个阶段：了解阶段、关注阶段、购买阶段、使用阶段、忠诚阶段。在不同阶段，客户对产品和服务的需求和关注点都有所不同。

2. 根据阶段提供针对性的信息和服务

在了解阶段，客户可能对产品的特性和优势感兴趣，因此企业可以提供详细

的产品介绍和使用指南，帮助客户了解产品。而在购买阶段，客户可能更关注价格和促销信息，因此企业可以提供优惠活动和购买指引，鼓励客户完成购买。

3. 案例分析：兴趣偏好与生命周期的结合应用

某旅游网站通过兴趣偏好模型了解到某客户对海岛度假感兴趣。结合生命周期模型，他们可以通过向客户发送关于海岛度假的特别优惠，引导客户进入购买阶段。一旦客户购买了度假套餐，在使用阶段，网站可以发送旅行指南、行程安排等信息，提升客户的旅行体验。随着客户的忠诚度提升，他们有可能成为回头客，为企业带来更多业务。

通过兴趣偏好模型和生命周期模型的结合应用，企业能够更好地了解客户需求，并提供精准的信息和服务。这将有助于引导客户完成购买，提升客户满意度，并为企业带来持续的业务增长。

（五）价值分析模型：洞察客户贡献，提升忠诚度

价值分析模型是一种根据客户对企业贡献的价值进行分类的方法，旨在识别高价值客户并为其提供特殊服务和奖励政策，同时引导低价值客户提升购买频次和贡献度。这一模型的应用有助于企业更有效地管理客户群体，提升客户忠诚度和销售业绩。

1. 价值分析模型的原理

在价值分析模型中，企业会根据客户对其的贡献价值进行分类，如购买频次、购买金额、品牌忠诚度等。通常将客户分为高价值客户、中等价值客户和低价值客户，以便为不同价值层级的客户提供个性化的服务。

2. 针对不同价值层级的服务

对于高价值客户，企业通常会制定特殊的服务和奖励政策，以维护其忠诚度并促使其更频繁地购买。例如，提供专属折扣、早期访问新品等特权。而对于低价值客户，企业可能会通过推送促销信息、提供购买建议等方式，引导他们提升购买频次和贡献度。

3. 灵活应用多种模型

在客户分类的过程中，企业可以结合多种模型，根据实际情况进行灵活应用。例如，结合兴趣偏好模型，可以更好地了解客户对哪些产品感兴趣，从而为高价值客户提供相关产品的特别优惠。同时，结合生命周期模型，可以针对不同价值层级的客户提供相应阶段所需的信息和服务。

4. 案例分析：价值分析与其他模型的综合运用

一家电商平台通过综合运用价值分析、兴趣偏好和生命周期模型，成功地提升了客户忠诚度。首先，他们识别出了高价值客户，这些客户购买频次较高且经常浏览特定类别的商品。其次，根据这些客户的兴趣偏好，为他们定制了个性化的促销活动。最后，在不同阶段为他们提供购买指引和售后支持，提升购物体验。

对于低价值客户，电商平台通过兴趣偏好模型了解到，这部分客户对多个类别的商品都感兴趣，但购买频次较低。因此，他们针对不同类别的商品推送了定期促销信息，引导客户提升购买频次。通过这一综合策略，该电商平台的销售额逐步增长，客户满意度也得到了提升。

综合而言，价值分析模型为企业识别高价值客户提供了重要依据，同时通过结合其他模型的应用，能够更精准地满足客户需求，提升客户满意度和销售业绩。

在客户分类的过程中，企业应根据自身情况灵活运用不同模型，从而更好地了解客户，提供精准的服务和推荐，进而实现业务增长。

总之，地理分区、行为分析、兴趣偏好、生命周期以及价值分析模型等多种客户分类模型在营销中扮演着重要角色。通过灵活运用这些模型，企业可以更准确地了解客户需求，提供个性化的服务，提升客户满意度，实现销售业绩的持续增长。通过科学分析，精准划分客户，企业可以更好地满足客户需求，提升用户体验，赢得市场竞争优势。客户分类模型不仅是一种工具，更是企业成功的关键一环。在不断变化的市场环境中，掌握合适的客户分类模型，将有助于企业不断优化运营，不断提升自身竞争力。

三、客户分类管理与服务——提供卓越体验，赢得市场份额

客户分类管理与服务是实施客户分类策略的关键环节，它能够帮助企业更好地了解客户需求，为他们提供个性化的服务和推荐，从而赢得市场份额。以下是关键步骤和方法，帮助企业有效实施客户分类管理与服务。

（一）数据收集与分析：深度剖析客户需求

在客户分类管理中，数据收集与分析是不可或缺的关键步骤。企业需要积极收集客户的多种数据，其中包括购买记录、互动历史、反馈意见等关键信息。通过运用数据分析工具，对这些数据进行深入分析，有助于洞察不同客户群体的独特特征和需求。数据的深度洞察将帮助企业更全面地了解客户的兴趣、偏好以及消费行为模式。

在数据收集和分析阶段，企业可以运用先进的数据挖掘技术，探索隐藏在数据背后的有价值信息。例如，通过购买记录的分析，企业可以识别出客户的购买偏好，从而针对不同类别的产品制定个性化推荐策略。另外，通过分析客户的互动历史和反馈意见，企业可以了解客户的喜好和痛点，为定制化服务提供指导。

（二）制定分类标准：多维度划分客户

基于数据分析的结果，企业需要制定明确的客户分类标准。这一步骤涉及从多个维度出发，将客户划分为不同的分类。举例来说，地理分区模型和行为分析模型的结合，可以将客户按照地理位置的相似性以及购买行为的一致性进行分类。这种综合性的分类方法有助于更加精准地理解每个分类的客户需求，为个性化服务做好充分准备。

值得强调的是，分类标准应当灵活可调，能够根据市场变化和客户需求的变化进行调整。例如，随着季节性变化或市场趋势的改变，客户的购买行为和偏好可能会有所调整，因此企业需要及时调整分类标准，以保持分类的准确性和有效性。

案例分析：结合地理分区和行为分析进行客户分类

一家跨境电商平台结合地理分区和行为分析模型，成功地优化了客户分类管理与服务。通过分析不同地区客户的购买偏好，发现北方地区客户更倾向于购买保暖服装，而南方地区客户更偏好夏季清凉产品。同时，通过行为分析，识别了忠诚客户和潜在客户。

基于这些分析结果，电商平台制定了个性化营销策略。对于北方地区的客户，他们推出了针对保暖服装的折扣促销活动。对于忠诚客户，通过定期提供独家优惠，增加了他们的购买频次。这一综合的分类管理与服务策略，为电商平台赢得了更高的客户满意度和市场份额。

通过数据分析与分类标准的制定，企业能够更精确地了解客户需求，为个性化服务提供有力支持。将不同模型进行结合，能够为企业提供更全面的客户洞察，进而提升整体业务绩效。

（三）个性化营销策略：精准推送，引发购买欲望

客户分类的最终目标在于为每位客户提供个性化的营销策略，让他们感受到企业的关心和关注。为实现这一目标，企业需要根据客户的不同分类制订针对性的营销计划。通过精心的定向推送，如邮件、短信、推送通知等方式，向不同分类的客户传递个性化的促销信息和产品推荐，从而引发客户的购买欲望，提升销售业绩。

在制定个性化营销策略时，企业应充分了解每个分类客户的独特需求和偏好。对于高价值客户，可以提供独家的折扣优惠、生日礼品等特别待遇，以增强他们的购买动力和品牌忠诚度。对于兴趣相似的客户，可以根据他们的购买历史和浏览记录，推送相似类别的产品促销信息，提升购买的可能性。

案例分析：精准推送，促进购买决策

一家电子商务平台通过个性化营销策略，成功地提升了客户的购买率和转化率。该平台利用购买历史和浏览行为，将客户分为不同兴趣偏好的类别。对于爱好户外运动的客户，平台定期推送登山装备、户外服饰的促销信息。对于钟爱家居生活的客户，平台则推送家居用品和装饰品的优惠活动。

通过精准推送，这家电子商务平台成功地引发了客户的购买兴趣。客户收到个性化的促销信息，感受到平台的关心和了解，从而更愿意进行购买。不仅如此，客户对平台的满意度也得到提升，他们愿意成为长期忠实的用户，为平台带来了持续的业务增长。

阅读拓展

一家鞋垫初创公司的启示

一家名叫"Sub-4"的公司只有短短 4 年的历史，他们综合各界研究发现，人体并非绝对的对称，对于专业运动员来说，两条腿"长短不一"可能更容易受伤，因此，他们研发可调节身体平衡的鞋垫。公司成立之初，每周仅生产 10 副

鞋垫，现在每周也只生产八九十副。

好多人需要个性化的鞋垫，这家公司95%的客户是定制的，其中2%是运动员。运动员定制其鞋垫并不是为了比赛时穿，而是平时训练时使用，因为鞋垫有助于他们从伤势中恢复。

英国3000米障碍赛运动员斯图亚特·斯托克斯在进行了5个小时的测试、付出400英镑之后，拥有了这样一副鞋垫。他说：我以前膝盖有问题，这种伤痛在岁数增长了以后肯定更麻烦。可当我用上"Sub-4"的鞋垫后，身体变得平衡了，两天后就感觉好了很多。

正如大家所知道的那样，鞋子中也含有高科技因素。英国达尔康有限公司虽然只有800员工，但他们的客户遍布全球，一名运动员站到该公司一台价值两万美元的仪器上几分钟之后，他们就可以有针对性地设计、制造出量身定做的鞋子。可以想象，鞋子的价格必然不菲。不过，为了穿上合脚的鞋子，为了获得好成绩，不少运动员成了他们的忠诚客户。

"定制营销理念"是市场微观化发展中的必然产物，它要求产品提供商能够提供给市场以多种产品的选择，使消费者"一旦拥有，别无所求"。

（四）定期跟踪与调整：灵活应对市场变化

市场环境和客户需求都在不断变化，因此客户分类策略也需要定期进行跟踪和调整。企业应该建立定期分析的机制，以了解每个分类的表现如何，是否需要进行策略上的调整。通过市场数据的实时分析，企业可以及时发现趋势的变化，从而灵活应对市场的挑战。

1. 建立定期分析机制

企业在实施客户分类管理与服务时，应设定固定的时间周期，例如每个季度或每半年，对各个客户分类的表现进行详细分析。通过这种定期的分析，企业可以了解每个分类的购买率、转化率、反馈情况等关键指标，从而评估当前策略的有效性。

2. 识别趋势变化

市场环境和客户行为在不同的时间段会有不同的特点和趋势。通过对市场数据的持续监测，企业可以发现趋势的变化，如随着季节、节假日的变化，客户的购买偏好可能发生变化。此时，企业可以相应地调整个性化推送的内容和促销活动的方式，以更好地满足客户的需求。

3. 灵活调整策略

定期的分析不仅是为了了解客户分类的表现,也是为了及时调整策略,以适应市场的变化。例如,某个分类的购买率明显下降,可能意味着该分类的推送策略不再吸引客户。此时,企业可以尝试调整推送内容、改进产品推荐,以重新激发客户的兴趣。

4. 持续提升客户体验

通过定期跟踪和调整,企业能够持续提升客户体验,满足客户不断变化的需求。灵活应对市场变化,使企业始终站在市场的前沿,赢得客户的信赖和忠诚。

通过个性化的营销策略和定期的跟踪调整,企业能够更好地满足不同分类客户的需求,为他们提供有价值的购物体验。这将有助于提升客户满意度,加强客户的品牌忠诚度,同时也能够赢得更大的市场份额。

> **课中实训**

实训一：客户分类的意义、策略与模型

实训目标：

学生能通过小组合作的形式，借助客户分类模型从多维度精确划分模拟客户。

任务描述：

客户分类是高效利用客户资源的关键之一，本任务需要学生以小组为单位模拟客户信息并且进行分类管理。

任务要求：

以小组为单位，从地理、行为、兴趣以及周期等模型分析为新零售企业消费者进行分类，并制作 PPT 进行汇报，成果填写在表 7-1 中。

表 7-1　客户分类模型应用

实训二：客户分类管理与服务

实训目标：

学生能通过小组合作的形式，对实训一的分类结果进行个性化营销，为该新零售企业提供营销建议。

任务描述：

客户分类的最终目标在于为每位客户提供个性化的营销策略，本实训任务就是紧接着实训一进行深度个性化营销，挖掘消费需求潜力。

任务要求：

以小组为单位，结合实训一的客户分类结果，为该企业针对性个性化营销提供优惠和广告精准推送建议，设计一份针对不同客群的个性化营销策划书，并将任务的成果填写在表 7-2 中。

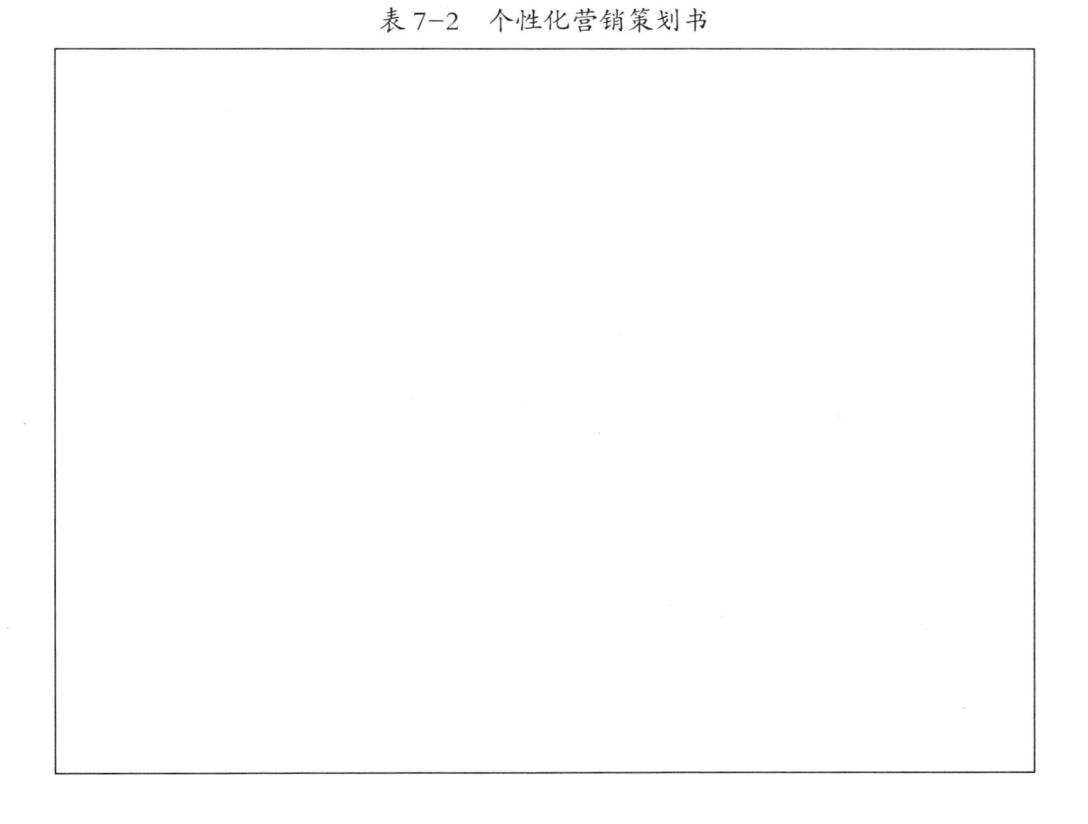

表 7-2　个性化营销策划书

课后提升

知识梳理与归纳：（请绘制本项目的思维导图）

思考总结与心得分享

第八章

客户服务的沟通管理

知识目标

- 了解客户服务沟通的基本概念。
- 掌握客户服务的基本沟通技巧与策略。
- 掌握客户服务沟通全流程。

能力目标

- 能够运用基本的客户沟通技巧和话术,解决客户问题。
- 能够全流程跟踪客户,贴心答疑解惑,提升满意度。

育人目标

- 弘扬爱岗敬业的精神,践行"客户至上"的服务理念。
- 树立"干一行,爱一行"的思想。
- 树立契约和诚信精神。

> 课前自学

一、客户服务沟通的基本概念与作用

（一）客户服务沟通的基本概念与作用

客户服务沟通是指信息在个体或机构之间，以及机构内外之间的传递过程。它是客户服务人员通过将自己的思想与客户的思想互相交换，使双方相互了解并协调行动的一个过程。它是商业环境中至关重要的一环，涉及与客户之间的交流互动和信息传递。

在客户服务沟通框架内，一些基本概念常常被运用，具体包括以下几点。

1. 有效沟通。有效沟通是客户服务沟通的核心。它要求客户服务人员能够清晰地表达和传递信息，同时倾听客户需求并作出适当回应。通过有效沟通，客户和企业能够彼此理解并共同达成目标。

2. 双向沟通。客户服务沟通是一个双向的互动过程，不仅是企业向客户传递信息，还包括倾听客户反馈、了解客户需求并作出相应的回应。双向沟通能够促进双方的共同理解和合作，提升客户满意度。

3. 身体语言和非语言沟通。除了语言交流，客户服务沟通还包括身体语言和非语言沟通。身体语言如姿势、面部表情和手势可以传达出额外的信息，而非语言沟通如图像、符号和标志也可以帮助提高信息传递的效果。

4. 个性化沟通。客户服务沟通需要根据不同客户的个性化需求和喜好进行调整。每位客户都是独特的，他们的期望、偏好和沟通风格也会有所不同。客户服务人员需要灵活地适应不同客户，并提供个性化的解决方案和服务。

5. 跨文化沟通。随着全球化的加速发展，客户服务沟通往往涉及不同文化背景的客户。跨文化沟通要求客户服务人员具备跨文化意识和敏感性，避免误解和冲突，并能够更好地适应和尊重其他文化的差异。

6. 技术和数字化沟通。随着科技的进步，客户服务沟通也逐渐数字化和技术化。电子邮件、社交媒体、在线聊天和自助服务系统等技术工具为客户提供了更多沟通渠道和便利性。企业需要适应这些新技术，并提供便捷的数字化沟通渠道。

7. 故障处理和冲突管理。客户服务沟通也包括处理故障和解决冲突的能力。客户可能会遇到问题或不满意的情况，客户服务人员需要有效处理这些问题，采取适当的纠正措施，并积极解决客户的疑虑和不满。

8. 持续改进和学习。客户服务沟通是一个不断改进和学习的过程。通过收集客户反馈、分析数据和进行持续改进，企业能够不断提高沟通效果和服务质量，更好地满足客户的需求。

通过实现上述概念运用和实践，企业可以建立良好的客户关系，提升客户满意度并获得竞争优势。

进入 21 世纪，客户服务沟通的重要性和作用在商品贸易发展过程中越发明显。企业不仅可以通过智能手机、社交媒体、在线聊天等工具，与客户保持更加频繁和便捷的互动。这为企业提供了更多机会与客户进行实时的交流，并及时解决客户的问题和需求。而且客户服务沟通的范围也扩大到了越来越多的行业和领域。除传统的零售、餐饮和酒店行业外，科技公司、金融机构、医疗保健机构等领域也意识到了客户服务沟通的重要性，并加大了对此的投入和研究。

因此，其重要性和作用体现在以下几方面。

1. 建立良好的客户关系。客户服务沟通是建立和维护良好客户关系的关键因素。通过有效的沟通，企业能够与客户建立紧密的联系并建立信任。这有助于客户忠诚度的提高，并促进客户持续与企业合作。

2. 理解客户需求并提供 DIY 服务。客户服务沟通能够帮助企业更好地理解客户的需求和期望。通过倾听客户的声音和反馈，企业能够准确了解客户的需求，从而提供更符合客户期望的产品和服务。在相互理解的基础上，企业能够提供 DIY 个性化的解决方案，更好地满足客户的特定需求，反向强化了原本的长期客户关系。

3. 传递价值和品牌形象。客户服务沟通是传递企业价值和品牌形象的重要途径。通过沟通，企业能够向客户传达企业的使命、价值观和品牌承诺。这有助于塑造积极的品牌形象，并为企业赢得客户的信任和支持。

4. 快速解决异议投诉并建立口碑。通过有效的沟通，企业能够及时了解客户的问题，并采取适当的行动来解决问题。这有助于迅速解决客户的异议和不满，提升客户满意度和忠诚度。一旦获得良好的客户服务和沟通体验，客户会愿意与他人分享他们的良好体验，并向他人推荐企业。这种口碑传播和推荐对于企业的业务增长和市场拓展至关重要。

5. 提高客户满意度和忠诚度。通过客户服务沟通，企业能够提供对客户的关注和关怀，解决客户的问题和需求。这有助于提高客户满意度，增强客户忠诚度，并促进客户的重复购买和长期合作。随着市场动态和客户需求的变化，企业不断快速作出反应，这有助于企业保持灵活性，不断改进产品和服务，满足客户不断变化的需求。

总的来说，客户服务沟通在商业环境中发挥着重要的作用。它帮助企业与客户建立紧密联系、理解客户需求并提供满意的解决方案。通过有效的沟通，企业能够建立良好的客户关系，增强客户忠诚度，推动口碑传播和推荐，并获得竞争优势。因此，投资于建立和改进客户服务沟通能力是企业取得商业成功的关键之一。

引导案例

粉丝经济：小米与"粉丝"沟通

作为一家通信科技巨头，小米公司一直以来都注重客户服务沟通，并将其视为该公司成功的重要因素之一。该企业深知客户与公司之间的交流是双向的，为此，他们不断努力提高客户沟通的效率和质量。

同时，小米的客户沟通不仅是在售前和售后，更贯穿整个产品设计、研发、生产、销售、售后等全流程。他们会定期收集客户反馈，及时解决客户问题，并将客户的意见和建议纳入产品开发中。他们会通过社交媒体（微博账号矩阵）、在线社区（MIUI）等渠道与"米粉"互动，专门为"米粉"建立小米论坛，并提出另类的宣传口号：为发烧而生。通过公司提供的小米论坛，米粉可以通过线上论坛进行自由的沟通，为公司未面世的新产品提出具体的粉丝意见，并参与到公司营销方式设计中来。这样使公司更能了解用户需求，加强公司新产品与用户之间的联系。

通过上述努力，小米公司成功地建立了良好的客户沟通体系，并取得了良好的业绩。他们的客户满意度得到了大幅提高，客户忠诚度也得到了加强。

由此可见，建立良好的客户沟通体系不仅可以提高客户满意度和忠诚度，还可以促进公司的业绩增长和长期发展。

> **思考一下**
>
> 你是否购买过小米的相关产品或服务？是否在购买的前、中、后期与该公司客服进行过沟通？请回忆并说明整个过程，同时对这个过程进行评估和思考，在哪些方面做得比较好？在哪些方面需要改进？

阅读拓展

数字赋能客户服务沟通

2018年，倍市得为良品铺子开发了一套客户体验管理系统。以客户体验管理系统为基础，帮助企业在以下三个方面展开顾客体验管理与沟通工作，并取得了较好的成效。

1. 消费体验洞察

倍市得的客户体验管理系统帮助良品铺子在所有线上、线下的接触点实时收集顾客的体验和反馈，比如：

（1）顾客喜欢吃什么？哪些产品、哪家门店、哪个渠道能获得更多顾客的重复购买？

（2）销量增长背后的真实原因是因为促销活动还是因为良好的体验？

良品铺子通过系统问卷中心自主编辑多套问卷，针对不同场景、不同顾客群体投放针对性的问卷，从而深入洞察顾客的需求偏好和消费体验，进而指导产品、营销、服务及运营的进一步改进和提升。

倍市得客户体验管理系统支持多数据源接入，对于非结构化的文本数据可以进行相应的聚类和分析；基于此，帮助良品铺子实时收集和掌握更完整的顾客体验情况。

2. 门店考核管理

倍市得客户体验管理系统除了洞察客户体验，更加强调改善行动的落地和闭环，比如顾客在某门店消费后参与售后回访调研时，给推荐意愿选项打了低分。这个分数直接纳入门店系统后台的体验数据中，并对该门店的满意度分值产生直接影响。同时，低分预警会立即触发一条工单至公司的客服中心，要求客服部门在规定时间内及时处理，超时未处理将层层上报。通过这一机制，促进顾客需求得到及时响应，从而降低潜在影响，减少客户流失。

从自上而下的管理角度来看，系统报告可以按层级分别授权，门店的店长可以实时查看门店的数据报表，大区经理可以了解整个大区的情况，公司管理层可以看到全国范围的客户体验报表。这不仅使企业能准确地掌握不同层级、不同门店的服务质量和经营情况，还可以在报表中层层钻取，深入挖掘和分析现象背后的根本原因，从而采取正确的改善行动。

此外，在门店 KPI 的计算和考核方面，数字化系统既能自动计算 KPI，也可以根据客户体验管理的实际情况动态、灵活地调整 KPI 的维度和权重。这极大地提升了传统门店 KPI 计算和管理的效率。

3. 体验反馈数据与消费行为数据融合

倍市得的顾客体验管理系统具备 API 接口，可以与客户的 CRM 系统对接和打通，从而将顾客体验的主观反馈数据与客户消费的客观行为数据进行融合，为顾客洞察和精细化营销提供更完整的数据基础。

举个例子，当发现一个顾客在反馈中表示"产品贵"，但其消费行为仍然持续时，企业可以通过数据融合分析更准确地判断这位顾客带来的是"良性利润"还是"不良利润"。这样的分析结果将支持企业制订针对这类顾客的行动计划。

通过顾客体验管理系统的数据融合，企业能够更好地了解顾客的消费行为和反馈，将主观和客观数据结合起来进行深入分析。这样的分析能够为企业提供更全面的顾客洞察和精细化营销，从而制订更具针对性的营销策略和行动计划。

这就是数据融合后，将会给我们带来的启示和价值。从良品铺子的案例中，我们可以总结出，数字化客户体验与沟通管理系统应该包括以下 4 个主要功能模块（图 8-1）。

图 8-1　倍市得用户体验与沟通管理系统主要模块

（1）体验数据采集。这个系统模块包括问卷编辑、问卷中心、多数据源接口以及推送渠道和触点的设置等功能。

（2）数据分析与报告。这个系统模块需要具备较强的数据处理、数据运算以及图形化展示和分析能力，且能为不同层级管理者进行分层授权。此外，因为体验管理分析的不断升级与细化，数据分析的维度和内容还可以动态灵活地组态。

（3）预警响应与工单。这部分的系统模块包括预警和工单。针对客户投诉或低分反馈，能够在第一时间预警，同时为该预警信息生成工单，跟踪该预警的全部处理过程。

（4）文本分析。对于问卷中的开放题、400 客服热线以及舆情文本数据，可以进行文本分析和观点提炼，将评论转化为情感倾向和情感分布，并从中提炼出关键信息。

数字赋能时代，客户体验与沟通管理不再是一个简单客户满意度调研项目，而是一个面向全体顾客的持续不断的管理过程。源源不断的体验数据累积在一起，系统如何实时、稳定、安全地运行，是企业不得不认真考虑的问题。

> **思考一下**
>
> 你觉得你平时最喜欢的奶茶店在客户体验管理方面面临的最大挑战是什么？在应对挑战时，客户体验管理工具或客户体验管理系统是否有帮助呢？

（二）客户服务沟通相关理论与发展趋势

1. 信息传递模型

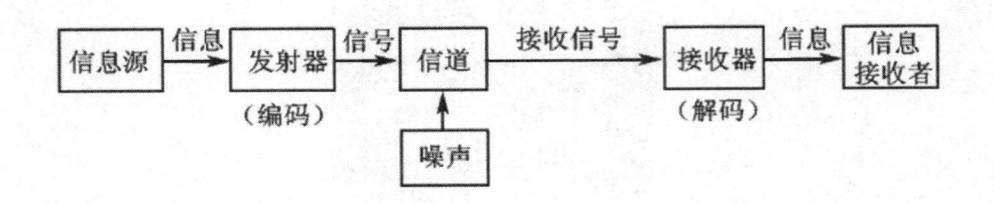

图 8-2　香农—韦弗模式的六大要素

信息传递模型又称：香农—韦弗模式，是最基础的沟通模型，最早由信息论的奠基之父香农—韦弗在 1949 年提出。其背景是为了研究信息传递的有效性和可靠性，解决通信系统中出现的问题。他们在 1948 年的著作《传播的数学理论》中提出了信息传递过程的数学模型，这一模型奠定了信息论的基础，对于信息通信技术的发展有着重要的影响。

2. 麦拉宾法则

麦拉宾法则又称为 73855 定律，是心理学教授艾伯特·麦拉宾（Albert Mehrabian）在 20 世纪 70 年代，通过 10 年一系列研究，分析口头和非口头信息的相对重要性，得出的结论。

人们对一个人的印象的构成，其说话内容只占 7%，语调占 38%，而外形和肢体语言占 55%。

这个研究揭示出一个令人惊讶的事实，有效的沟通技巧应该包含三个要素：外形和肢体语言、语调和说话内容，并且它们在整个沟通过程中的重要性比例是 55：38：7。

外形和肢体语言占据了 55%，主要包括仪态和姿势以及面部表情等视觉上的身体语言。这些非言语交流的信号对于沟通中的信息传达起着至关重要的作用。

语调占据了 38%，包括语气、声调和说话的速度等声音方面的元素。语调能够传达出情感和语气，影响着沟通的效果。

而说话内容只占据了 7%。虽然内容是沟通过程中必不可少的一部分，但它在整个沟通中的比例相对较小。具体如图 8-3 所示。

沟通 = 内容（7%）+ 语气语调（38%）+ 表情肢体语言（55%）

55%　来自视觉的身体语言（仪态、姿势、表情）。
38%　来自谈话时的声音方面（语气、声调、速度）。
7%　来自实际说出来内容。

图 8-3　73855 定律各方面比例

因此，在客户服务沟通中，企业客服人员应该注重和认识到非语言交流的重要性。通过合理运用肢体语言和语调，我们能够更有效地传达我们的信息和意图，从而提升沟通的效果。

3. 互动理论

互动理论诞生于 20 世纪 30 年代的美国，60 年代末至 70 年代曾经盛行一时，并在 21 世纪依然具有重要的社会影响。在 20 世纪 50 年代至 60 年代，美国社会学家提出了"符号互动论"，主要发展了米德和舒茨的互动思想。然而就"符号互动"的内容，社会学家之间形成针锋相对的两大阵营。一个阵营以当时芝加哥大学社会哲学教授赫伯特·布鲁默为代表。另一个阵营以衣阿华大学社会学教授曼福德·库恩为代表。

互动理论的主要理论基础源自心理学对人性和人的"社会性"的相关研究。互动理论认为，社会并不是一种客观存在的外在模式或制度体系，而是人际互动行为的模式化结果。这种"模式化"是人们头脑中形成的，表现为个人在与他人的"角色互动"中展现出来。个人与他人之间形成的各种互动关系，对于个人来说，就构成了多种"社会"。因此，互动理论认为，社会是具体、微观的概念。而社会的变迁，是由于个人的"需求""动机""价值观念"以及个体的社会行为发生变化，导致原有的"互动模式"发生改变。该理论在 20 世纪以及 21 世纪一直具有重要的理论影响力，其观点强调了个人行为和交往的重要性，对于理解和研究社会行为具有深远的意义。

4. PAC 理论

加拿大心理学家伯恩在其著作《大众的游戏》，1964 中提出的一种人际交往模式理论：PAC（Parent-Adult-Child）理论。该理论在服务沟通方面有着广泛的应用，帮助人们理解和改善服务沟通中的互动关系。

在服务沟通中，建立良好的客户关系和高效的沟通至关重要。PAC 理论提供了一个理解和分析服务者和客户之间的互动框架。根据 PAC 理论，服务者与客户的服务沟通模式主要分为契合性服务沟通和冲突性服务沟通。

契合性服务沟通模式包括成人型客户－成人型服务者、家长（消极）型客户－儿童（积极）型服务者、儿童（消极）型客户－家长（积极）型服务者、成人型客户－家长（积极）型服务者、儿童型客户－成人型服务者以及儿童型客户－儿童（积极）型服务者。在契合性服务沟通模式中，服务者的言行与客户的心理状态相符，能够满足客户的心理需求和期望。

冲突型服务沟通模式指服务者的言行与客户的心理状态不符，难以满足客户的心理需求和期望，会导致双方关系紧张甚至服务关系中断。冲突型服务沟通模式包括成人型客户－家长（消极）型服务者、家长（消极）型客户－成人型服务者、家长（消极）型服务者－家长（消极）型客户、成人型客户－儿童（消极）型服务者以及儿童（消极）型客户－儿童（消极）型服务者。

综上所述，有效沟通需要在服务者与客户之间建立契合性服务沟通模式，以实现融洽的沟通和顺从的沟通，满足客户的心理需求和期望。同时，应避免冲突型服务沟通模式，以免导致关系紧张和服务关系中断的后果。

5. 未来发展趋势

在客服行业的转型过程中，未来数智化时代将呈现三大未来趋势：客服价值化、数字智能化、服务营销一体化。

首先，在客服价值化方面，客服中心需要与企业战略紧密结合，实现客服前置。例如，浦发银行依托战略，收集、打通、流转和运用信息，这是客服中心作为信息中心很重要的价值体现。作为国内排名靠前的信用卡公司，为了刺激客户使用信用卡消费，各种优惠活动变成了重要手段。

为了协调市场部门更好地掌握和优化优惠活动的策划执行，客服中心成立了一支名为"7×24小时战情室"的团队，他们在全天候、全周的时间内运作。该战情室与市场和业务部门进行紧密合作，利用互联网搜索引擎的爬虫技术，主动搜索各大论坛和相关网站，收集关于浦发银行各类市场活动的客户反馈。同时，这些反馈信息被整理成了一份"战报"，并实时提供给市场和业务部门。这份战报引起了总经理办公室的高度关注，因为它不仅展现了企业存在的问题，也揭示了企业的发展机会。

通常情况下，客户主动联系客服中心大多是因为遇到了问题，因此反馈的内容往往是负面的。然而，通过主动收集各大论坛和网站上的信息，战情室获得了更多正面的客户反馈。对企业的战略而言，这些积极的反馈同样重要。因为企业运营的成功不仅在于了解哪些方面存在问题，也在于了解哪些方面做得好。

其次，在数字智能化方面，客服中心可以利用科技手段提高效率和降低成本。例如，智能辅助系统、工单机器人以及智能排障等工具，可以帮助客服代表更快找到答案、简化工单流程和快速解决故障。然而，智能客服机器人在多轮对话方面的发展并不理想，目前智能客服系统的设计还无法实现真正的智能交互。

最后，在服务营销一体化方面，智能应用带来了巨大的惊喜。智能营销辅助系统能够帮助客服代表进行呼入营销工作，解决传统营销的难题。例如，广东电信客服中心一直致力于呼入服务的营销工作。然而，由于电信产品类型繁多、套餐内容复杂，客服代表需要同时提供服务，寻找适合来电客户的套餐，并使用适当的话术进行推荐。这对客服代表的技能要求很高。

通过智能营销辅助系统，客服代表能够确认客户是否具有营销价值，选择适合的产品并提供相应的话术。系统会在座席桌面上提供指示，提示客服代表进行营销。这种"亮灯营销"方法解决了服务营销中的四大难题：明确对象、确定销售内容、选择适当话术以及确认是否进行推销。智能系统在应对复杂的套餐和各种客户类型方面有明显的优势，推荐的产品大多比人工座席的选择更好。

"亮灯营销"方法解决了传统服务营销中的难题，成为客服行业的新型营销方式，明显提升了营销业绩，并取得了许多成功案例。

总的来说，数字化时代客户服务沟通会朝着客服前置、数字智能化和服务营销一体化来实现，而智能化应用在服务营销方面取得了巨大的突破。客服中心作为价值中心，需要掌握企业战略目标，提供实时信息和洞察分析，同时降低成本、提高效率，并实现客服与营销的无缝衔接。

二、客户服务的沟通技巧与策略

在××银行的柜台上，客户向客服人员咨询相关问题，以下是他们之间的对话：

客户：麻烦帮我查一下我的××卡在不在电话银行上。

热线服务人员（以下称：热）：××号，没有。

客户：那你帮我查一下，是不是登记到别的卡号上了。

热：查不到。肯定是没注册上，你在哪办的？

客：××柜台。

热：那你要到柜台去一下，重办一次。

客：你能否帮我查一下，是挂错了还是没挂上。

热：一定是××支行做错了，他们经常搞错，我这里查不到，你到柜台去。

客：查不到原因我去干什么？

热：我们这样的业务必须要到柜台办理的，你知道吧，这样吧，我打电话叫他们联系你。

柜台服务人员（以下称：柜）：是××吗？我是××网点的，我们单位服务热线打电话来，正好我接电话，我不是这里的负责人，你明天下午到这里来一趟好吗？

客：你能否帮我查一下账卡是否挂到电子银行？还是挂错了？

柜：你是哪天挂的？谁帮你挂的？

客：一周前，左边第一个柜台。

柜：你一定记错了，我问过了，左边第一个没帮你办过。

客：我就想问一下你能否帮我查一下账卡是否挂到电子银行？还是挂错了？

柜：那我查不了，他们都讲没办过，我要到楼上帮你翻，很麻烦的，我也不是这里的负责人，只是正好接到这个电话。

客：那你给我打这个电话什么意思呢？

柜：我也不是这里的负责人，只是正好接到这个电话。我找我们经理给你打电话好了。

客：我就问个简单的问题，你们搞了这一大圈，什么也没解决，你们怎么回事？

> **思考一下**
>
> 　　在该对话中，热线服务人员和柜台服务人员在与客户沟通过程中存在什么样的问题？服务人员是否明白客户的需求和问题？应该如何优化这次沟通存在的问题？

客户服务常见沟通技巧

1. 倾听技巧

倾听技巧是客户服务沟通的重要组成部分，是指在与客户进行沟通时，专注地聆听对方的需求、问题和意见，全神贯注地理解客户的意图，并给予积极的回应。以下是一些关于倾听的技巧。

给予专注和尊重。当与客户交谈时，确保你的注意力完全集中在对方身上。通过眼神接触和身体语言表达出对对方的尊重和重视。

主动提问。通过提出开放性的问题，鼓励客户充分表达自己的需求和问题。例如，"请告诉我您的具体问题是什么？"或"您对我们的服务有何期望？"

重复理解。在客户陈述问题后，重复概括一下客户的问题，以确保你正确理解了对方的意思。这有助于避免误解，并给客户传达出你真正理解他们的意图。

沉默是金。有时候，客户可能需要一些时间来收集思绪或表达更多的细节。在这种情况下，给予充分的时间让客户思考和表达自己的想法，不要急于打断或插话。

避免打断。在客户表达时，尽量避免打断他们的发言，除非你需要澄清一些特定的细节。打断会给予对方不礼貌的感觉，也可能导致信息丢失。

2. 肢体语言和面部表情

正如73855定律所描述的：个人印象中外形和肢体语言占据了55%，也在客户服务沟通中扮演着重要角色。这些非语言元素可以帮助你更好地与客户建立联系，并传达出积极、专业和友好的态度。在肢体语言和面部表情方面有以下技巧。

（1）保持开放的身体姿势。通过保持开放的身体姿势，如面朝客户、直立的姿态、放松的肩膀和双手放在身体两侧，传达出友好和接纳的信号。

（2）眼神接触。与客户进行眼神接触是建立信任和真实联结的重要方式。确保与客户进行适当的眼神接触，但不要让对方感到尴尬或不舒服。

（3）笑容和面部表情。保持微笑和友好的面部表情，可以让客户感到舒适和受到欢迎。避免缺乏表情或过于严肃的表情，这可能会让客户感到你不感兴趣或不友好。

（4）肢体语言保持一致性。确保你的肢体语言和口头表达是一致的，以避免给客户传达出混乱或冲突的信息。

（5）避免负面肢体语言。避免一些负面的肢体语言，如交叉手臂、不断徘徊、瞪眼或摇头等。这些肢体语言会给客户传递出消极的感觉，妨碍有效的沟通。

3. 语言和口头表达

语言和口头表达是在客户服务沟通中非常重要的方面，以下是一些关于语言和口头表达的技巧。

（1）简洁明了的语言。避免过于专业或复杂的术语，确保语言简洁明了，易于客户理解。如果必须使用专业术语，一定要做好解释工作。

（2）避免负面语言。使用积极和正面的语言与客户沟通，消极的语言可能让客户感到沮丧或困扰。

（3）多表达肯定。积极而肯定地表达对客户的支持和赞赏，这有助于建立客户与你之间的信任和良好关系。

（4）控制语速和音调。控制语速和音调对于客户理解和接受能力非常重要。注意控制语速，确保不过快或过慢，同时留意音调的变化以传达出合适的情感和意图。

通过运用这些语言和口头表达的技巧，你能够更好地与客户沟通，提供更满意的服务体验。

4. 冲突解决和处理异议

在客户服务过程中，难免会遇到一些冲突和抱怨，以下是一些关于冲突解决和处理抱怨的技巧。

（1）耐心倾听。在处理客户抱怨时，运用倾听技巧来充分理解他们的问题和不满。给予客户足够的时间和机会来表达观点，并确保完全理解他们的问题。

（2）道歉和接受批评。若客户的抱怨是合理的，不要害怕道歉并接受批评。通过表达歉意和承诺改进的态度来回应客户的不满。

（3）提供解决方案。与客户共同探讨解决方案，并提供实用建议来解决他们的问题。确保解决方案符合客户需求，并努力解决他们的不满。

（4）向上级寻求帮助。若无法解决客户的抱怨，不要犹豫向上级或经理寻求协助。寻求帮助有助于确保为客户提供满意的解决方案，同时展示团队合作精神。

（5）文字记录和处理。在处理客户抱怨时，建议书面记录所有沟通内容和解决方案，便于日后参考和跟进。这样做也可以减少遗漏或误解的可能性。

以上技巧有助于处理客户抱怨，并为客户提供满意的解决方案。尽量保持耐心、专业和尊重的态度，以确保客户的满意度和维护良好的客户关系。

5. 积极回应和解决问题

积极回应和解决问题是客户服务沟通的关键目标之一，以下是一些关于积极回应和解决问题的技巧。

（1）及时回应。在客户提出问题或需求后，尽快作出回应。及时回应可以让客户感到你的关注和重视，并减少不满的可能性。

（2）提供帮助和支持。表达出你对客户的关心和支持，尽量帮助他们解决问题。提供实质性的帮助，并确保解决客户的问题。

（3）跟进和反馈。在解决客户问题之后，跟进并提供反馈。确认客户是否满意解决方案，并向客户展示你对他们的关注和努力。

（4）学习和改进：每一次与客户的交互都是宝贵的学习机会。反思每一次经验，了解客户的需求和不满，并寻找改进的机会。通过不断学习和改进提高自己的客户服务能力。

（5）长期关系建立：在处理客户问题时，不仅着眼于当下的解决方案，还要考虑长期的客户关系和维护。寻找机会与客户建立良好的关系，并提供持续的支持和服务。

客户服务沟通技巧是成为一名优秀客户服务专员所必备的技能。通过运用倾听技巧、肢体语言和面部表情、语言和口头表达、冲突解决和处理抱怨、积极回应和解决问题等技巧，企业将能够与客户建立良好的关系、解决问题并提供优质的客户服务。必须牢记的是：客户满意是保持公司业务成功和提高客户忠诚度的关键因素。

三、客户服务的沟通全流程

案例剖析

老太太买水果的心思

有一位老太太每天去菜市场购买水果和蔬菜。一天早晨，她拿着篮子来到市场，碰巧遇到了第一个卖水果的小贩：

小贩问："老太太，您要买点水果吗？"

老太太回答："你这里有什么水果？"

小贩回答："我这里有李子、苹果、桃子和香蕉，您想买哪一种？"

老太太说："我想买些李子。"

小贩急忙推销道："我这些李子红得很，又甜又大，非常好吃。"

老太太仔细看了看，果然很不错，但摇摇头表示不买，然后离开了。

紧接着：

老太太继续在菜市场转悠，又遇到了第二个小贩。这位小贩和第一个一样，问道："老太太，您想买点什么水果？"

老太太回答说要买李子。

小贩接着问："我这里有很多李子，有脆的、面的、酸的、甜的，您喜欢哪种口味的呢？"

老太太说她想买酸李子。

小贩说："看看这堆李子，特别酸，您尝尝看吧。"

老太太咬了一口，果然很酸，口中满是酸味，虽然有些受不了，但越是酸她越高兴，于是她立刻买了一斤酸李子。

最后：

老太太继续在菜市场徘徊，碰到了第三个小贩。同样，他问老太太想买什么水果。老太太回答说要买李子。

小贩接着问："您要买哪种李子？"

老太太回答说："要买酸李子。"

小贩很好奇地问："其他人都买又甜又大的李子，您为什么要买酸李子？"

老太太解释说："我的儿媳妇怀孕了，她想吃酸的。"

小贩马上说道："老太太，您对儿媳妇真好！儿媳妇想吃酸的就说明她想给您生个孙子，所以您应该天天给她买酸李子吃，说不定真的能给您生个可爱胖乎乎的孙子呢！"

老太太听了非常高兴。

小贩又问："那您知道孕妇最需要哪些营养吗？"

老太太表示不清楚。小贩继续说道："其实孕妇最需要维生素，因为她需要为胎儿提供维生素。所以光吃酸的还不够，还需要多补充维生素。您知道哪种水果富含维生素吗？"

老太太仍然摇头。

小贩说："猕猴桃或者叫作奇异果是水果中维生素含量最丰富的，号称水果之王！所以您应该经常给儿媳妇买猕猴桃，这样才能保证她生下一个漂亮健康的孙子。"

老太太听后非常高兴，立刻购买了一斤猕猴桃。

正当老太太准备离开时，小贩告诉她："我每天都在这里摆摊，所以进货的水果都是最新鲜的。下次您再来的时候，就来我这里购买吧，我会给你打折。"

从那时起，老太太每天都在这位小贩那里购买水果。

思考一下

对比这三个小贩，他们在与老太太沟通过程中有什么不同？老太太为什么只选择在第三个小贩那里长期购买？他在与老太太沟通过程中有什么策略和步骤？

在客户服务沟通过程中，有一点是需要明确的，即"沟"是一种手段，而"通"才是最终的目的。那么什么样的沟通才算是真正"通"了呢？一般是当对方受到我们的影响，甚至按照我们的意见行事时，客服和客户之间才可以说是达到了真正的"通"。

然而，沟通并没有固定的方法和模式，因为每个人的个人风格、沟通对象和场景都不尽相同，所以我们需要根据实际情况采用不同的方法和技巧。没有普适的沟通办法和技巧，只要能够达到沟通的目的，就可以说是好的技巧。在不断变化的过程中，我们要随时掌握变化。

在客服和客户之间的沟通中，由于双方有共同的目标和利益基础，所以客户服务沟通的全流程一定是按照下面 6 大步骤进行的。

事前准备 → 需求确认 → 观点陈述 → 异议处理 → 协议达成 → 共同履行

1. 事前准备

在进行任何客户服务沟通之前，都需要进行事前准备，以下是需要考虑的几个方面。

首先，了解哪些信息对于客户来说是有用的，是十分重要的。在与客户进行交流时，我们需要了解他们的需求和期望，以确定需要传达的关键信息。在准备过程中，确保自己拥有清晰的思路，以便能够自信地传达这些信息。避免东拉西扯，而是要将注意力集中在重要的信息上，以有效地介绍产品。

其次，在与客户进行信息传达的过程中，可能会出现潜在的争执。业务人员与客户进行交流时，可能会涉及产品价格、质量、售后服务以及客户能够获得的实际利益等方面的争议。因此，在交流之前，思考如何解决这些问题是必要的。事先考虑可能出现的问题，以便在争执出现时能够妥善应对。

最后，还要认识到可能存在其他未知因素。因此，最好事先思考可能出现的问题，以便能够应对得当。业务人员的原则是将所有客户都视为挑剔的，因为越挑剔的客户越有机会促成交易。持续学习和改进自己的沟通技巧对于在各种情况下顺利达成目标的销售代表来说至关重要。

值得注意的是，在客户沟通中，由于各种原因，几乎所有的客户都可能表现出一定的抵触情绪。要应对客户的抵触情绪，销售人员必须采取积极的方法。首先，应邀请客户阐明他们反对的理由，然后提出一些客户必须回答的问题，来否定他们的反对意见的正确性，或者将客户的异议转化为他们购买的理由。

2. 需求确认

在对客户进行事前准备之后，就要像案例中第三个小贩那样，对客户需求进行准确判断和确认。需求确认的三个步骤：提问、积极聆听、及时确认。

在沟通中，提问和聆听是常用的互动沟通流程。通过提问，可以了解对方的需求和目标，而积极聆听则是设身处地去倾听对方说话，用心和脑去理解对方的意思。及时确认则是在没有听清楚或理解对方话语时，要及时提出问题，确保完全理解对方的意思，实现有效的沟通。

首先，提问是了解对方需求和目标的关键步骤。在提问时，注意区分开放式问题和封闭式问题。开放式问题可以让对方尽情地阐述和描述观点，帮助收集更多信息；而封闭式问题只能用是或不是回答，不利于收集信息。要避免过多的为什么问题，以免给对方造成紧张感。

【举例】你需要向铁路公司订一张去广州的火车。

◇开放式：

"我想问一下，去广州南站都有哪些班次，各班次的时间为几点？"服务人员提供的信息就会非常丰富全面。

◇封闭式：

"有 4 点去广州南站的班次吗？"回答可能是没有。

你接着问："有 5 点的吗？" 回答很有可能是没有。

值得注意的是，在确认需求的过程中，要注意问题类型的优劣比较和提问技巧的运用。封闭式问题节约时间、控制谈话内容，但收集信息不全面和容易紧张；开放式问题收集信息全面、谈话轻松，但可能浪费时间和谈话容易跑偏。在沟通中，开放式问题适合收集信息，封闭式问题适合确认特定信息。

	开放式问题	封闭式问题
优点	让回答者自由发挥；适用于答案较多、较复杂的问题。	易回答、节省时间、适合文化程度较低的对象、高回收率，可分层次便于分析和比较。
缺点	回答者需高知识水平和表达能力、适用范围有限；自填式问卷避免开放式问题、回答率低，开放式问题统计处理困难。	问题答案不全，回答者有可能没有表明意见，难以发现；答题者可能随意猜答或选答，难以反映真实情况；还容易出现笔误，难以区分。

其次，积极聆听。在聆听时，要有倾听回应，适当回应对方的发言。提出问题，及时澄清自己没听清的地方。重复内容，确认理解正确。归纳总结，理解对方意图和找到准确信息。表达感受，给予对方积极回应。

最后，及时确认是为了解决沟通中的误解。当自己没有听清或没有理解对方的话时，要及时提出问题，确保完全理解对方的意思。这样可以避免信息不准确和沟通误解，实现有效的沟通。

总之，通过有效的提问、积极聆听和及时确认，可以更好地确认对方的需求和目标，实现有效的沟通。在提问时要注意问题类型的差异，而在聆听时要运用聆听技巧，包括倾听回应、提示问题、重复内容、归纳总结和表达感受。通过这些步骤，可以提高沟通的效果和质量。

> **延伸阅读**

AI 驱动的个性化营销：预测客户需求的未来

图 8-4　AI 洞悉客户需求

在数字化时代，个性化营销变得至关重要。而人工智能（AI）正在成为推动个性化营销迈向新高度的强大工具。

AI 可以通过分析海量的数据和消费者行为模式，提高深入洞察客户需求的能力。它能够识别潜在客户的兴趣、喜好和行为习惯，从而预测客户可能感兴趣的产品或服务。

AI 还能不断学习和适应客户的变化需求，通过实时分析和反馈机制，优化个性化推荐和营销策略。个性化营销不仅可以提升客户的购物体验，还可以提高企业的市场竞争力，建立更深入的联结和独特的品牌形象，实现更高的销售转化率和营收增长。

AI 驱动的个性化营销面临着数据隐私和合规性等挑战，但随着技术的发展，我们可以期待个性化营销在未来的持续创新和演进。

3. 观点陈述

在确认客户需要的产品或解决方案之后，服务人员就要推荐产品或传达观点。其中，FAB 原则是常见的沟通策略，其英文缩写意为：特点（Features）、优势（Advantages）和好处（Benefits），提出产品服务的特点、优势和好处。

首先，客服人员需要介绍产品或服务的特点（Features），这些特点是产品或服务的基本属性，如尺寸、材料、功能等，或者介绍该解决方案对客户的具体好处。其次，客服人员需要介绍产品或解决方案的优势（Advantages），即这些特点比竞争产品或者品牌的优势，这些优势可以包括成本节约、高效率、更好的质量等。最后则是好处（Benefits），即产品或服务的最终效果，如更健康的生活方式、更方便快捷的服务等。

通过 FAB 原则的观点陈述，客户可以更清楚地了解产品或服务，或者接受客服的建议和观点。例如，客服服务客户时，向客户推荐某款式衣服时，FAB 的沟通方式呈现应该按照以下顺序。

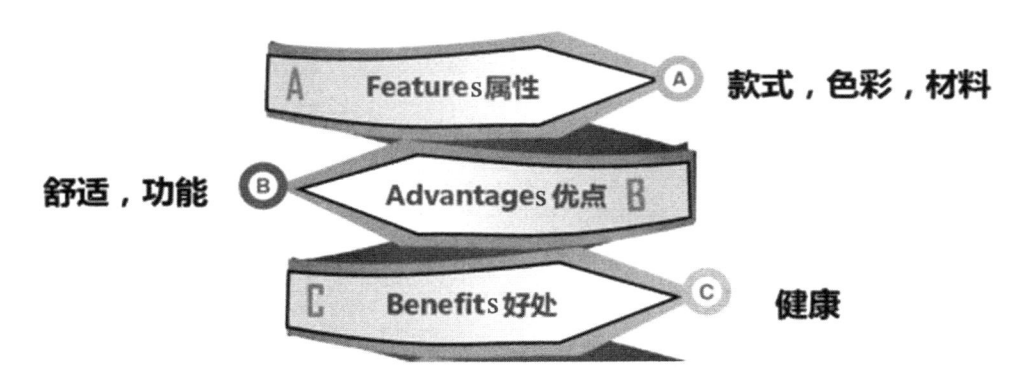

```
A  Features属性      款式，色彩，材料
舒适，功能  B  Advantages优点
           C  Benefits好处      健康
```

采用 FAB 顺序表达时，对方更容易听得懂，而且印象会非常深。在脑海中产生产品使用"前—中—后"三阶段的对比场景，获得更直观的服务和使用体验。

4. 异议处理

陈述观点后，不同人有不同的立场和想法，客户也可能会对你的陈述产生异议，不同意你的观点或者产品推荐，甚至产生抵触心理。在面对异议时，客服人员可以采用"借力打力"的办法，即非强行说服对方，而是利用对方的观点来说服对方。

首先了解对方的立场，然后寻找对方观点中与自己立场相符的部分。再利用这个共同点来产生共情，使对方自己来接受自己的观点，达到沟通的目的。这种"同理心"是一种非常重要的沟通技巧，它涉及对他人情感和观点的理解和共鸣。从心理学角度来说，人们更愿意与那些能够理解自己感受和立场的人进行合作和交流。当我们展现出对他人处境的理解和尊重，对方会感受到被重视和被倾听，这有助于缓解紧张情绪，减少冲突，并促进合作和共识的达成。

因此，在沟通过程中，使用"我理解"这三个字可以起到意想不到的积极效果。这个简单的表态表明我们愿意倾听和接纳对方的观点，使对方感到被认同和尊重，坦诚表达自己的意见和感受，从而有助于找到解决问题的有效途径。

值得注意的是，客服人员要避免打断或批评对方，而是以尊重的姿态与他们交流，不轻视或忽略他们的情绪，这有助于建立更好更长远的信任和合作关系。

5. 协议达成

异议处理结束后，双方进入最重要的环节。协议是沟通后同理心和共鸣的成果，是前面四个环节的努力结果。客户服务人员与顾客在这一环节要充分实现下述关键点：

（1）双赢基调。合作协议应以双方共赢为基础，单方获利的交易难以长久。明确交易带来的好处至关重要。

（2）责任和义务。合作需要明确双方的责任和义务，并诚实履行承诺，以降低合作成本。

（3）感激之情。善于发现他人的支持、分享和协作，并表达感谢。与合作伙伴、同事分享工作成果和感悟。积极传递反馈意见，并对内部团队或合作者的杰出工作进行奖励。

6. 共同履行

达成协议代表着双方达成共识，但如果未能按照协议实施，对方会认为你不守信用，失去对你的信任。信任是沟通的基础，一旦失去信任，下次的沟通将变得困难重重。因此，共同履行协议需要注意下述两个方面。

（1）有效沟通。双方应保持沟通畅通，特别是要和客户及时分享信息和反馈意见，共同解决问题和难题，确保合作协议顺利履行。

（2）监测和评估。双方应定期监测和评估合作协议的实施情况，及时发现问题并进行调整和改进，以确保合作目标的实现。

因此，达成协议只有通过共同实施才能实现真正的成功。双方要积极投入，按照协议的内容和原则去实施，以保持双方的信任和合作关系。

案例育人：培养新时代契约诚信，践行社会主义核心价值

```
社会主义核心价值观
富强、民主、文明、和谐；
自由、平等、公正、法治；
爱国、敬业、诚信、友善。

合同
（契约自由、契约平等、契约信守、契约救济精神）

平等、公正、自由……

民法
（平等、自愿、公平、诚信原则）
```

契约精神体现了诚信的力量，在东方和西方文明中都占据着重要的地位。在一个拥有14多亿人口的大国，不同地区差异巨大，利益关系错综复杂。尤其在新时代，我们社会主义事业更需要弘扬契约精神，凝聚正能量来推动社会的进步。

契约精神代表了一种规则意识，是中华民族传统美德的延续和发扬。中华民族一向重视规则意识，认为在规则中能够享受自由。

孔子以"克己复礼"的标准严格要求自己和弟子，晚年时提出了"七十而从心所欲，不逾矩"的理念，用毕生的精力践行规则意识，最终成就了自己广泛的影响力。孟子提出了"不以规矩，无以成方圆"的至理名言，将规则意识教育古今，塑造了"亚圣"的美誉。老子从自然和人类构建社会的角度，强调了规则意识对于事物运转的重要性。韩非子更将规则意识融入法治观念中，严格约束人类的行为。古代先贤们以智慧为华夏民族建立了行为准则，这些准则已经深入人心。那些践行者备受尊重，而背离他们的人必将受到严厉惩罚。

因此，国人必须积极弘扬契约精神，以规则意识为指引，为社会进步贡献力量，推动中国走向更加富强和谐的未来。只有通过共同践行契约精神，我们才能建立一个更加诚信、公正、和谐的社会。让我们每个人都以契约精神为准则，努力为社会的发展和进步贡献自己的力量。

> **课中实训**

实训一：客户服务沟通的概念与作用

实训目标：

学生能通过小组合作的形式，对零售业企业进行调研，分析具体企业在客户服务沟通方面的模式和渠道。

任务描述：

客户服务沟通是企业与客户的思想互相交换，使双方相互了解并协调行动的重要渠道。任何企业都想更"靠近"客户，了解客户想法。

任务要求：

以小组为单位，选择一家熟悉的零售企业，进入其官网或第三方客服平台（包括微博、微信、公众号），扮演客户与客服进行沟通（售前、售中或者售后）进行全方位询问，观察这些客户服务回复形式是否有客服话术，采用的是智能客服还是人工客服，服务体验如何。并将调研记录并总结成报告，填写在表8-1中。

表8-1 客户服务体验分析

实训二：客户服务的基本沟通技巧与策略

实训目标：

学生能通过小组角色扮演的形式，小组成员之间互换身份，进行客户服务沟通演练。

任务描述：

客户服务的沟通需要在长期训练和磨砺中提升，角色扮演和情景演练有助于提前感受工作场景，做好岗位心理建设。

任务要求：

以小组为单位，小组成员根据实训一调研的过程，自己设置合适的问题进行角色扮演或者模仿之前实训一的调研问题。小组之间角色互换，相互练习。最后将效果最好的一次拍成视频，上传到学习平台。并将任务的成果填写在表 8-2 中。

表 8-2　客服沟通角色扮演

实训三：客户服务的沟通全流程

实训目标：

学生能进一步了解客户服务的全流程，通过上述六大步骤设计一套客户沟通计划书，结合书本内容，完成理解客服沟通全过程。

任务描述：

学以致用十分重要，借助客服沟通全流程的思路，设计一份与客户沟通的计划表。

任务要求：

以个人为单位，选择一份产品并针对该产品进行全流程分析，并设计合理的沟通计划书（需求确认策略、计划书必须清楚分析出产品 FAB，异议处理方案等全流程服务计划）。最后将任务的成果填写在表 8-3 中。

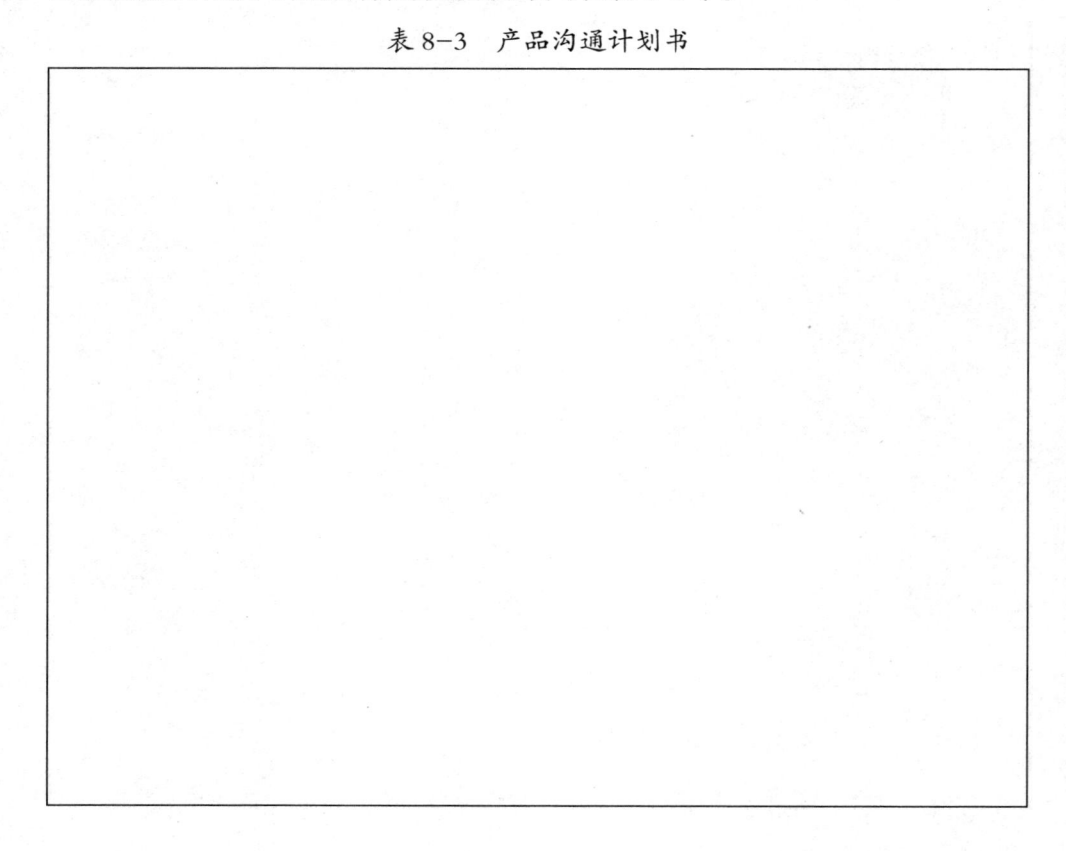

表 8-3　产品沟通计划书

课后提升

知识梳理与归纳：（请绘制本项目的思维导图）

思考总结与心得分享

第九章

客户的满意与忠诚

知识目标

- 了解客户满意与投诉处理的基本方法和策略。
- 了解客户忠诚度与维护的基本方法。
- 了解客户流失的原因、识别方法和应对之道。

能力目标

- 能够掌握客户满意度评估,有步骤地处理投诉。
- 能够有效维持客户忠诚度。
- 能够识别和快速应对客户流失风险。

育人目标

- 树立"客户至上"的服务理念和积极主动的工作热忱。
- 树立工匠精神。

> 课前自学

一、客户满意与投诉处理

（一）客户满意度及其评估

客户满意度是指客户对企业或组织所提供的产品或服务感到满意的程度。它通常通过调查、反馈或评价等方式来衡量，以了解客户对产品或服务的满意程度。满意度的高低可以反映出企业的产品质量、服务水平以及与客户的沟通等方面的表现。

因此，客户满意度纵向可分为三个层面。

```
          ┌─ 产品层面
客户满意度 ─┼─ 服务层面
          └─ 公众层面
```

1. 产品层面：即客户满意度的基础，涉及产品的质量、功能、包装和价格等方面。对这个层面的满意来源于客户对核心产品的满意，通过产品的实际效果和物质特性来评价其满意度。例如，产品质量是否符合预期，是否能够满足需求，价格是否公道等都会影响客户满意度。

2. 服务层面：服务层面是客户满意度的中级层次，包括提供服务的硬件和软件。硬件服务指的是物理环境、设施设备等，如店铺的布局、交通便利性等。软件服务则强调员工的服务态度、专业知识、沟通能力等方面，如员工的礼貌、耐心和及时响应等。客户在与企业的互动中，会综合评价这些方面来判断服务满意度。

3. 公众层面。公众层面是客户满意度的最高层面，强调企业对社会责任的履行。客户会关注企业是否积极推动环保和可持续发展，是否尊重员工权益，是否重视社会公益等。客户对企业在社会层面的表现有着越来越高的期待，这也成为评价客户满意度的重要因素。

因此，客户满意度全面实现就要求企业需要在不同层面上持续改进和提高，以确保客户能够在各个层面得到满意的体验和回馈。而在不同层面的满意度也会大致区分出不同级别，在线上或线下的客户服务环节，都会以标准的形式进行评估。

线上服务的常见满意度评估会以五星评价等形式在服务环节中提醒客户。

线下服务评估则常应用客户智能多媒体评价器的形式，在服务完结之后提醒线下客户进行评价。

客户满意度测评可以通过线上表单填写和线下搜集终端开展对客户满意或不满意程度的度量，通过数字呈现直观的客户满意度结果。而这个满意度测评的过程通常分为四个步骤。

步骤一：建立客户满意度测评的内容

建立一个完整的客户满意度指标体系，包括确定测评的关键要素和指标，确保该体系全面、客观、可操作。客户满意度指标体系是多层次的，通过层次化结构设定测评指标，清晰表述其内涵。每层指标在上一层的基础上展开，上层指标反映在下层的测评结果中。比如下列层次。

一级指标	二级指标	三级指标
客户满意度指数	客户期望	客户对产品或服务质量的总体期望
		客户对产品或服务质量满足需求程度的期望
		客户对产品或服务质量稳定性的期望
	客户对产品或服务质量的感知	客户对产品或服务质量的总体评价
		客户对产品或服务质量满足需求程度的评价
		客户对产品或服务质量稳定性的评价
	客户对价值的感知	给定价格时客户对质量级别的评价
		给定质量时客户对价格级别的评价
		客户对总成本的感知
		客户对总价值的感知
	客户满意度	客户总体满意度
		客户感知与期望的差距
	客户抱怨	客户抱怨
		客户投诉情况
	客户忠诚度	客户重复购买的类别
		客户能接受的涨价幅度
		客户能忍受的对手竞品降价幅度

从上表中可见，作为总体评估体系的一级指标，客户满意度指数位于指标体系的第一层；而在二级指标中，则有六个主要的要素指标，即客户期望、客户对产品或服务质量的感知、客户对价值的感知、客户满意度、客户抱怨和客户忠诚度。最后，由二级指标具体展开而得到的指标，符合不同行业、企业、产品或服务的特点，则作为第三层的三级指标。

随着层级的提高，指标体系将反映出越来越具体的服务细节。在制定指标体系时，需要同时确定度量标准。常用的度量标准有上文提到的"五星评价"形式的 5 分制，在选择时需要考虑客户易于理解和评价准确性的因素，企业会结合实际需求选择适合的度量标准。

步骤二：采用适合的满意度数据收集方式

选择适当的渠道和方式，如问卷调查、客户访谈、客服投诉等，以收集客户的意见和反馈。最常用的方式是通过满意度问卷调研，通过量化的数据来了解客户的满意程度。

虽然有多种渠道和方式可用于收集客户满意度评测数据，但目前比较主流的方式仍然是通过问卷调研。采用问卷调查方式时，需要注意以下两个方面。

一是问卷设计，要与指标体系相结合。无论是哪个层级的指标，都需要通过问卷的具体题目来体现。有些指标可能对应一个题目，而有些指标可能由多个题目组成的组合模型。只有与指标体系相符的问卷设计才能实现满意度测评的目的。

二是问卷投放，应与消费服务接触点相结合。传统的问卷投放方式通常滞后于消费场景，即"事后调研"。然而，满意度评测是针对客户在消费现场真实感受的评估，这可能导致满意度评测结果出现偏差。随着越来越多的企业数字化转型，线上渠道进行问卷投放的优势凸显，通过多个触点全方位覆盖，既可以实时收集各个节点的满意度数据，又能简化问卷内容，大大减轻客户的答题负担，从而提高问卷的回收率和数据的准确性。

例如，利用"客户满意度的三个层面"，某零售行业满意度调查问卷可以设计成以下形式。

XX 会员店客户满意度调查问卷

产品层面

您对我们店内提供的商品种类满意度如何？
□非常满意 □满意 □一般 □不满意 □非常不满意

您对我们的商品质量评价是什么？
□非常优秀 □优秀 □一般 □差 □非常差

您对我们的商品定价有何感触？
□非常公道 □公道 □一般 □偏高 □非常偏高

您对我们提供的商品信息（如产品说明、使用指南等）的满意度如何？
□非常满意 □满意 □一般 □不满意 □非常不满意

在购物过程中，您能否顺利找到所需商品？
□总是能找到 □通常能找到 □有时能找到 □很少能找到 □从未找到

您对我们的商品包装有何评价？
□非常满意 □满意 □一般 □不满意 □非常不满意

您对我们商品的售后服务满意度如何？
□非常满意 □满意 □一般 □不满意 □非常不满意

服务层面

您对我们的服务人员的服务态度满意度如何?
□非常满意 □满意 □一般 □不满意 □非常不满意

在我们店铺购物时,您觉得服务人员对您的需求关注程度如何?
□非常关注 □关注 □一般 □缺乏关注 □完全不关注

您对我们店铺的结账流程满意度如何?
□非常满意 □满意 □一般 □不满意 □非常不满意

您对我们的会员服务(如会员优惠、会员活动等)满意度如何?
□非常满意 □满意 □一般 □不满意 □非常不满意

您对我们的店铺环境有何评价?
□非常满意 □满意 □一般 □不满意 □非常不满意

您对我们的退换货政策满意度如何?
□非常满意 □满意 □一般 □不满意 □非常不满意

您对我们的售后服务满意度如何?
□非常满意 □满意 □一般 □不满意 □非常不满意

您对我们的营业服务时间满意度如何?
□非常满意 □满意 □一般 □不满意 □非常不满意

公众层面

您对我们的品牌形象了解程度如何?
□非常了解 □了解 □一般 □不了解 □完全不了解

您对我公司的品牌形象总体印象如何?
□很满意 □满意 □一般 □不满意 □很不满意

您是否知道我们在社区的公益活动?
□完全知道 □知道一些 □一般 □几乎不知道 □完全不知道

您对我们在社区的公益活动满意度如何?
□非常满意 □满意 □一般 □不满意 □非常不满意

您对我们的企业社会责任表现有何评价?
□非常积极 □积极 □一般 □缺乏 □完全缺乏

步骤三：数据分析和结论

接下来应该对收集到的满意度数据进行详细的分析，通过统计和数据挖掘等方法，识别出关键问题和趋势，并得出客户满意度的结论。同时，将数据可视化，以提供更直观和易于理解的方式来解读和传达数据。

无论调查结果是正向还是负向的，只能反映特定测评期间的结果。因此，单次调研的结论无法解释企业经营策略和消费者消费趋势的不断变化。满意度测评的分析重点在于趋势分析，通过持续对比的数据来寻求结论。

步骤四：形成落地方案

根据客户满意度测评的分析和结论，制订相关的改进措施和行动计划，并将其融入企业的日常经营管理中。这些措施和计划可以在提高产品和服务质量、加强客户关系管理、改进沟通和问题解决等方面体现。

引导案例

捷蓝航空：立即响应，体现服务质感

根据美国数据分析和消费者情报企业 J.D.Power 2019 年的北美航空公司满意度调查报告，捷蓝航空被评为廉价航空公司中乘客满意度最高的企业，在有史以来的 J.D.Power 乘客满意度得分中排名第二。这得到了众多乘客的认可，其中一个重要原因是捷蓝航空持续深入地了解乘客的反馈意见，并及时做出相应的调整和反馈。

例如，从美国费城乘客的反馈意见中得知，乘客的不满主要是因为清晨机场商店和便利设施未开放。捷蓝航空随即采取了措施，在登机口为早起赶飞机疲惫的乘客提供水、果汁和咖啡，帮助他们恢复精神。

同时在另一个机场，捷蓝航空注意到突然出现了大量负面评论，并在 A18 登机口 NPS 客户满意度评分出现下降。经过仔细调查发现，是航站楼的扬声器损坏，导致乘客无法听到登机口的广播信息。捷蓝航空通过 CEM 顾客体验管理系统向机场维护人员发送了自动警报，并在当天修复，NPS 客户满意度评分逐渐恢复正常。如果企业想要提升顾客体验，不仅需要长期了解顾客的反馈，还要立即解决顾客的问题，以避免不良体验扩散。体验家可以与 CRM 系统对接，结合

用户画像数据和运营数据进行交叉分析。一旦顾客发表负面评价，系统将自动发送通知给相关责任人，帮助企业及时挽回顾客，从而提高顾客的忠诚度。

总之，顾客体验管理不是空洞的理论，而是结合实际操作和论证得出的最佳实践。体验家提出的"顾客体验管理五步模型"包括体系搭建、互动分析、行动改善、效果监测和创新突破，形成闭环的顾客体验管理过程，最终帮助企业降低顾客流失率，提升顾客满意度和复购率，从而实现营收的有机增长。

> **思考一下**
>
> 你认为航空公司服务体验如何？哪些具体元素或者细节直接会影响你的体验和心情？如何优化和提升？

阅读拓展

中国顾客满意度指数

为了建立适应性较强、标准更加统一的客户满意度评估标准，我国设立了中国顾客满意度指数，这是中国首个全品类顾客满意度评价体系。

C–CSI 是基于全国范围内的消费者调查，反映中国消费者对所使用或拥有的产品或服务的整体满意程度。它每年发布相关行业的产品或服务满意度数据，帮助企业确定自身位置并寻找改进方向。作为衡量和管理顾客满意度的重要参考指标，C–CSI 为企业实现质的增长提供了基础。

该模型综合考虑顾客满意度和忠诚度水平，通过要素满意度、总体满意度和忠诚度等指标的综合计算，能更统一且全面地评估顾客的整体满意程度。

C–CSI =（总体满意度 40%）+（要素满意度 × 40%）+（客户忠诚度 × 20%）

● 总体满意度：问卷中对总体表现的满意度评价回答中选择（非常满意）和（满意）的比例（TOP2）。

● 要素满意度：$\sum_{i=1}^{n} C_i \cdot W_i$ （其中：C_i 为第 i 个要素表现的 TOP2 比例；W_i 为第 i 个要素重要程度）。

●客户忠诚度：问卷中针对用户再次购买的问题中，回答（非常愿意购买）和（愿意购买）的比例（TOP2）。

C-CSI 研究的目的是打造企业和消费者最信任的顾客满意度评价制度。通过调查和发布，旨在评价国内产业质的成长，引导企业实现质的成长并提高竞争力。同时，C-CSI 也旨在塑造顾客满意文化，提高客户满意度，保护顾客权益，并最终提升国民的生活质量。通过 C-CSI 的调查结果，企业可以了解自身在市场中的竞争力，改善产品和服务，实施顾客导向型的经营活动。政府可以依据调查结果制定宏观政策，消费者可以保护自身权益，提升生活质量。

目前，2015 年 C-CSI 调查区域覆盖全国 30 个城市，调查对象为 15 岁到 60 岁之间的常住居民，并根据性别、年龄、收入及区域随机抽样，总样本数量 16500 个，采用入户面访的调查方式完成，调查时间从 2014 年 10 月到 2015 年 6 月，共 9 个月，调查覆盖 98 个细分行业，涉及被评价主流品牌 4500 余个。

> **思考一下**
>
> 对比一下不同中国品牌的中国顾客满意度指数，分析这些品牌在客户忠诚度、总体满意度以及要素满意度三方面表现如何。

（二）客户投诉处理

投诉处理是一项系统且复杂的任务。作为一名合格的客服人员，最基本的要求是熟悉处理工作的流程，掌握每个环节和阶段的关键问题，遵循特定的标准和要求，灵活运用自己积累的经验和学到的技能方法，根据情况因人、因事、因时有针对性地进行处理。

通常情况下，投诉处理流程应运而生。该流程是一个规范性文件，体现了处理投诉的规律，概括和总结了实践经验。投诉处理是企业与客户之间解决问题的重要环节。它可概括为受理、处理和反馈三大阶段，细分为受理投诉、调理情绪、厘清事实、协商解决、快速落实、感谢回访六个步骤。以下将详细展开这些步骤的内容。

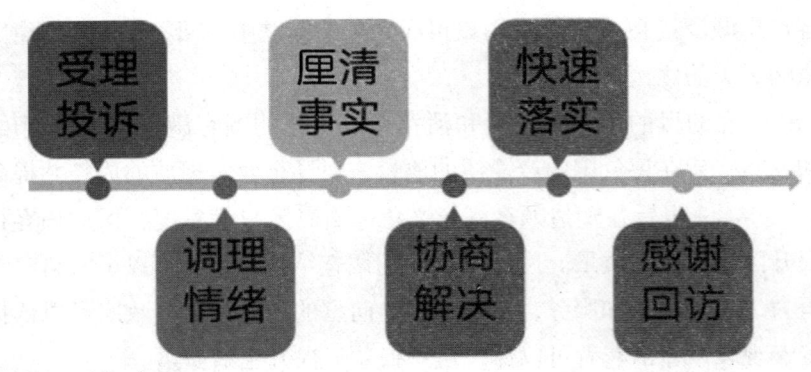

```
受理投诉 → 厘清事实 → 快速落实
     ↘       ↘        ↘
      调理情绪 → 协商解决 → 感谢回访
```

步骤一：受理投诉

受理投诉是为客户提供表达问题的机会。在这一步中，客服人员的态度和反应对于解决投诉问题起着至关重要的作用。客服人员需要展现出专业和耐心，倾听客户的诉求，并留下良好的第一印象。他们需要使用首因效应，通过友善的态度、热情的问候和周到的服务给投诉者留下好的印象，从而为后续的投诉处理打下良好的心理基础。

步骤二：调理情绪

调理情绪是处理投诉的关键环节。当投诉者对问题持有强烈情绪时，他们需要发泄和宣泄。在这种情况下，客户人员需要有当作"出气筒"的心理准备，为投诉者提供发泄的空间和时间。客户人员应当保持冷静和耐心，积极倾听和理解投诉者的不满和怨气。此外，客户人员还需灵活运用情绪管理和引导的策略，帮助投诉者平复情绪，并逐步转化为合作的状态。在处理投诉的过程中，客户人员始终需要遵守保底定律：无论情况如何，不动怒，不外露心情。

步骤三：厘清事实

厘清事实是解决投诉问题的核心环节，也是正确处理的基础和判断的依据。在这一步中，客户人员需要采取措施确保他们对问题的了解准确无误。首先，客户人员需要让投诉者充分表达问题，这是了解事件真相最直接和便捷的方式。然而，投诉者在表述问题时可能会夸张或夹带私人利益。客户人员需要通过巧妙的技巧，从中厘清核心问题的框架。其次，客户人员可以通过复述确认核心问题，确保问题的准确性和重要性。最后，客户人员可以通过提问的方式进一步核实问题，区分真实和虚构的情况。这样，客户人员能够更准确地把握问题的本质和实质，为下一步的解决方案提供依据。

步骤四：协商解决

协商解决是在厘清事实的基础上，对责任进行分析，确定责任主体，并协商承担相应责任的份额。客户人员需要根据事实证实的造成原因，依据法律和规定来划分责任。在协商过程中，客户人员应尽量采纳客户的意见，尽企业应尽的义务，力求达成双方满意的解决方案。客户人员在协商过程中需要注重公平和客户满意度，并提供后续的关照和服务，以增强客户忠诚度。

步骤五：快速落实

当与投诉者达成协议后，快速落实解决方案至关重要。客户人员需协调相关部门，以便在最短的时间内解决问题。这不仅可以避免问题的持续发展和恶化，还能展示公司高效的工作能力和解决问题的决心。快速落实解决方案有助于维护客户关系，并赢得客户的赞誉和认可。

步骤六：感谢回访

在基本的投诉处理完成之后，进行回访和感谢是十分重要的。回访和感谢应当及时进行，一般在落实处理措施后的 3 天到 5 天内进行。回访和感谢是向投诉者表达感激之情和关注的方式。同时，通过回访还可以向投诉者推介新产品、新服务，向他们汇报公司的新变化和举措，增加客户对公司的了解和信任。回访和感谢是企业赢得客户的有利时机，需要充分把握。

总之，处理客户投诉是为客户提供真诚服务的重要环节。在满意度评估完成后，解决客户投诉更能体现企业服务的无微不至以及真情实意。

二、客户忠诚及维护

为什么蔚来车主的品牌信任度都这么高？

买车、买服务，还是买整体体验？

在新能源汽车品牌崛起之前，4S 店牢牢掌握着汽车品牌的话语权，将车主的用车需求简单地视为"四个轮子的行驶机械"。然而，蔚来相信车主用户对自己的驾驶需求非常清晰，包括从功能设计、内部装饰、外观形象到驾驶体验等各个方面都有不同的要求。因此，如何准确把握车主用户的真实需求，成为决定蔚来能否实现以"用户体验驱动"的品牌价值的关键因素。

蔚来打造了一个生活方式平台。用户购入车辆后,仿佛拿到进入社区的钥匙。在社区中与品牌互动,与用户互动成为自身生活的一部分。大家分享各自的生活体验,40%与蔚来无关,比如新奇的设计、美味的食物、刺激的运动等。蔚来通过包括社群在内的多种方式,全方位了解用户反馈。与此同时,不断迭代各类服务,也通过整车OTA持续升级。

"用户企业的根基是用户对品牌的参与度"

蔚来选择邀请用户参与产品与服务的迭代,与企业单方面的品牌价值输出相比,更加注重用户参与。蔚来App中的积分和蔚来值成为激励用户与品牌互动的主要方式,同时也非常注重用户的建议和提议,并将其有选择地纳入品牌战略规划中。

蔚来车主对蔚来品牌有着极强的参与感和荣誉感,许多车主表示经常与蔚来工作人员在社群中共同优化空调体感、讨论异味、送风、内外循环等问题。蔚来真正做到了对每位用户的反馈都加以响应。

蔚来注重关注用户的全周期,通过提供各种服务与用户形成陪伴关系,成为用户生活的一部分。在我们的采访中,有10位用户每天打开蔚来App3~5次,总共使用时长在40分钟到1.5小时之间,浏览"此刻"(蔚来App中的车友圈)并与其他人互动。随着持续的陪伴,品牌与用户之间的认同感日益加深。

蔚来的出现标志着汽车行业变革的开端,在与蔚来合作中,让用户能够感受到"用户品牌"为汽车设计和服务带来了全新的视角,为车主用户打开了对汽车品牌的全新体验想象。获得"用户视角"的感知能力是成为用户品牌的必经之路。通过体验管理,品牌能够深度了解用户需求。唐硕体验云提供会员XM、空间体验XM、产品XM等产品服务,帮助汽车品牌构建统一的全面体验管理体系。

体验数据平台对客户、人群、行为、评价、需求等不同数据体系进行深入分析,感知用户在旅程中的巅峰体验和冰点体验,以及用户的痛点和机会。随着用户的使用行为和偏好被车载系统记录和分析,用户数据逐渐丰富和深入,为人车互动带来了更多可能性。未来,唐硕和合作伙伴希望构建一个跨触点、跨渠道、资源整合的汽车服务生态系统。以用户为中心,融合个性化、社交和大数据等元素,实现用户买车、驾车、停车、养车全流程的无缝连接,提升移动体验,探索创新的移动方式。

> **讨论一下**
>
> 蔚来车主的品牌信任度如此之高的原因是什么？该品牌是如何实现客户体验最优化的？应具体从案例的几个方面进行总结。

（一）客户忠诚度

客户忠诚度是指客户在积极良好的顾客体验下，对品牌的持续性贡献。包括看好和信任品牌的产品、服务和员工；愿意重复购买品牌的产品和服务；长期保持与某品牌的合作关系；自发为品牌进行口碑宣传。客户忠诚度可以分为下述四个层次。

```
            第四层
          强烈偏好
        --------------
           第三层
           有偏好
      --------------------
            第二层
          满意和习惯
    ----------------------------
            第一层
      无忠诚，不关心品牌和企业
```

第一层，客户仅基于价格、方便性等因素购买产品或服务，对企业没有忠诚感可言。

第二层，客户对企业的产品或服务感到满意或习以为常，购买行为受到习惯的驱使。

第三层，客户对某个企业产生了偏好情绪，这种偏好是相对其他竞争企业而言的。

第四层，客户的最高级别忠诚度，其表现为客户对企业的产品或服务坚定选择，并且持有强烈的偏好和情感寄托，成为企业利润的真正源泉。

同时，客户对企业依赖原因不同，可以将客户忠诚分为下述六个类别。

（1）垄断忠诚。客户由于企业资源形成了绝对市场垄断，无法选择其他品牌。

（2）亲缘忠诚。客户由于与企业员工或员工的亲属关系而选择该企业的产品，这种忠诚度很牢固。

（3）利益忠诚（又称为价格或激励忠诚）。客户由于企业提供的额外利益，如价格优惠、促销激励等而忠诚，但这种忠诚不稳定，容易受到其他更有吸引力的利益影响。

（4）惰性忠诚（又称为方便忠诚）。客户出于便利考虑或出于惰性而长期保持忠诚，特别在服务行业常见。企业可以将惰性忠诚作为基础，通过提升产品和服务的差异性以增强客户满意度，并最终建立稳固的忠诚关系。

（5）信赖忠诚。当客户对企业的产品和服务感到满意并建立了信任关系时，他们会形成高度可靠和持久的忠诚。这类客户是企业的热心追随者和推广者，不仅对企业的产品和服务感兴趣，还会向他人推荐使用。这类客户是企业最宝贵的资源，也是企业期望的忠诚度水平。

（6）潜在忠诚。潜在忠诚是指客户拥有对企业产品或服务的需求，但由于某些特殊原因或客观因素未能表现出忠诚。这类客户很可能希望继续购买企业的产品或享受服务，企业可以通过适当的策略转化这种潜在忠诚。

从上述的分析，我们可以站在企业视角总结出客户忠诚度管理有以下好处。

（1）增强品牌竞争力。获得顾客的忠诚有助于品牌在竞争激烈的市场中保持竞争力。艾司隆国际营销公司研究表明，每转化一名忠诚顾客，品牌的利润将至少提升25%。并且86%的顾客会选择与建立情感联系的品牌建立长期关系，而80%的未来利润将来自少部分现有顾客。

（2）提升顾客终身价值。现有顾客转化更容易且交易额更高，他们的顾客终身价值更高。艾司隆分析道，品牌向现有顾客销售的成功率在60%~70%，而新客的成功率不到20%。同时，成功留存顾客30个月后，顾客的订单交易金额平均会增加67%。

（3）促进口碑营销。拥有良好的忠诚度计划的品牌，70%以上的顾客愿意积极向身边人进行推荐。针对B2B行业来说，有效的忠诚度管理会显著提升营销回报率。

（4）降低运营成本。忠诚度管理能够有效降低运营成本。研究发现，防止顾客流失需要投入2~5倍的资源，而维护忠诚顾客的开支逐年下降。

综上所述，重视顾客忠诚度管理能够增强品牌竞争力、提升顾客终身价值、促进口碑营销，并降低运营成本，为品牌带来更大的需求和收益。

而进入数字时代，客户忠诚度显得越发重要。顾客在商业发展中的重要性不断增加，而且往往会毫不犹豫地选择那些更能"懂"自己的品牌来减少试错成本。因此，品牌需要将客户忠诚度管理融入整体客户体验中，这个过程基本分为以下三个阶段。

基础促销与推广 → 忠诚度计划实施 → 品牌文化濡化

在第一阶段，即基础促销与推广阶段，品牌对于如何维系顾客关系缺乏相应的意识。由于没有建立起全面顾客视图，品牌无法全方位洞察和理解顾客，只能依赖打折促销和非针对性的品牌信息来吸引顾客。也就是电商平台常见的"低价引流"手法，这是迅速积累人气和知名度的阶段。

第二阶段，品牌开始制订并实施忠诚度计划，积极分析顾客数据，开始重视顾客。个性化的品牌沟通策略得到广泛使用，企业积极寻求方法来留住顾客。

第三阶段，品牌文化濡化阶段。在这个阶段，"以顾客为中心"的理念要求企业必须强化"以人为本"的品牌体验。企业能够从顾客的角度思考问题，想顾客所想，并且能够跨渠道与每位顾客进行个性化和精准的互动。

这三个阶段中的忠诚度计划制订是关键步骤，忠诚度计划的制订要从以下四个维度着手构建。

- **物有所值** — 价值：消费者从品牌处获得的感知价值
- **我的参与** — 互动：消费者与品牌建立联系，产生互动
- **他们懂我** — 情感：品牌为消费者打造"千人千面"的个性化体验
- **我的感受** — 体验 CX：卓越的品牌体验是建立顾客忠诚的必要因素

会员价值权益常见营销行为	积分：购买、推荐、参与等
	服务：送货、咨询、安装等
	礼物：注册、生日、周年纪念等
	样本：采购、新产品发布、用户测试等
	竞赛：抽奖、推荐、UGC等
	内容：直播、咨询、工具等
	认可：社交推荐、个性化交流、礼品赠送等
	访问：预订、定制化、活动等

（1）价值。顾客一直都非常在意产品和品牌是否"物有所值"。品牌应该致力于提高顾客对品牌的感知价值，即顾客在综合考虑到可能获得的利益和支付的成本后，对品牌价值的整体认知。通过实实在在的会员价值权益和积分兑换等方式，使消费者能够充分感受到品牌带给他们的价值。通过不断提升顾客对品牌的感知，进而提高顾客的满意度，从而提高用户的黏性。以下是会员价值权益的常见营销行为。

案例分析：耐克

耐克的"忠诚度计划"则是建立在其核心产品之外的价值。在耐克的NRC或NTC App或微信小程序中进行注册，成为耐克的会员之后即可获取大量会员福利。比如，训练计划、训练数据、免费参加线上、线下活动。另外还有新产品提前体验，赠送礼物、折扣、定制体验，专业教练的直播，健身数据的追踪，一对一锻炼咨询等。

（2）互动。在社交媒体时代，品牌如果忽视与顾客的交流和互动，就会在繁多的信息中分散他们的注意力。品牌需要鼓励顾客进行互动，让他们意识到与品牌之间的联系不仅仅限于交易关系。例如，在美妆行业，越来越多的消费者通过小红书上用户上传的美妆教程、产品种草和评测等来作出购买决策。聪明的品牌可以利用这一趋势来鼓励顾客生成内容和进行社交媒体互动。顾客可以通过上传带有相关产品标签的博文、撰写评测和教程等活动，隐性地培养品牌的忠诚顾客。

（3）情感。由于产品的丰富多样，消费者的选择面也相应变广，他们会毫不犹豫地选择与自己更"合拍"的品牌。在营销的后半程，深入了解自己的顾客是品牌发展的基础。借助CRM和大数据思域运营，通过构建360°顾客视图（SCV），品牌能够根据消费者的互动和交易记录，量身定制沟通策略，在合适的时间和地点进行内容推送。例如，品牌可以在顾客生日时根据行为数据分析推送个人专属优惠，让顾客亲身体验道："这个品牌在乎我，是为我考虑"。

（4）体验。顾客体验和品牌忠诚度是密不可分的。将以"顾客为中心"的理念内化于心，打造"以人为本"的品牌体验是最有效的忠诚度管理方法。将顾客与品牌的产品和服务联系起来，为顾客提供及时的售前体验和互动，以及专业周到的售后服务和沟通，创造沉浸式且有价值的顾客旅程，让顾客真实地感受到品牌对他们的理解和关注，让顾客觉得品牌全年无休、无缝互联。

综上所述，品牌要通过提供价值、互动、情感、体验等多个方面来提高顾客的忠诚度。只有真正赢得顾客的心，才能在竞争激烈的市场中立于不败之地，实现持续健康的品牌发展。

（二）客户忠诚度维护技巧

维护客户忠诚度是一项长期的工作。企业可以通过有效地保持和提升客户的好感度和满意度来实现这一目标。在这方面，需掌握三个要素：文字、语言和实际行动。以下是一些有效的客户维护技巧。

1. 让现有客户感到被爱并换位思考

维护现有客户比赢得新客户要更具成本效益。将关注点放在赢得新客户的签约上，而忽视对现有客户的满意度维护，是一个严重的错误。与现有客户保持定期沟通，确认他们对所提供的产品和服务一直感到满意。确保他们了解所提供的产品、服务和机会。无论是销售具体产品还是有偿服务，每次沟通都应问客户："我们还有其他什么可以帮助您的吗？"用真诚和用心的态度，让客户能够感受到"人文关怀"。始终与客户保持有礼貌和得体的沟通，真诚地了解客户的需求和顾虑，提供优质的产品信息，并及时解决客户的问题。

同时，要设身处地地考虑客户的立场。如果有机会，尽可能体验代表您所在公司的产品和服务。如果您代表的是食品生产商，尝试食用他们的酸奶；如果是汽车制造商，亲自驾驶他们的汽车。这样做可以让您更好地理解客户的体验和感受，从而提供更符合客户需求的产品和服务。

2. 识别和预测问题

在维护客户关系时，尝试预测可能会考虑离开的客户。识别引起客户不满的关键行为，如花费下降。然后积极主动地咨询客户，例如："我注意到您的花费下降了，是否有什么原因呢？"在关键时刻进行及时和适当的干预可以事半功倍。

现今的消费者一直要求供应商提供更好的交易，如果不满意，他们会选择离开。呼叫中心的座席代表应该具备所有相关信息和权威，并提供额外的优惠或折扣等，以说服电话中的客户继续留下。

3. 定期沟通，多管齐下

今天的消费者喜欢进行沟通交流。确保双向对话的便利性。减少呼叫时的菜单选项，以便客户能够轻松地获取信息。增加互动渠道，使客户能够通过快手、抖音、微博或微信等多种方式进行联系。更加巧妙的是，搭建账号矩阵共同发声，提升品牌气场和影响力。

4. 激励口碑营销

激励忠实的客户成为您的销售推动力。鼓励这些忠实的客户将他们的经验分享给其他人，鼓励他们在网站上做广告和推广。奖励并非仅限于资金方面。例如，对于喜欢汽车的客户，可以邀请他们参与特别的业主活动；对于高科技消费者，可以让他们提前体验新产品。

5. 个性化服务

无论您从事何种业务，都要实施个性化服务。每次互动都应根据客户的需求进行定制，并针对每个个体进行沟通。呼叫中心有能力获取客户全面的信息，并建立复杂的模型。座席代表掌握的信息越多，他们与客户之间的关系就会更加良好。

6. 牢记底线

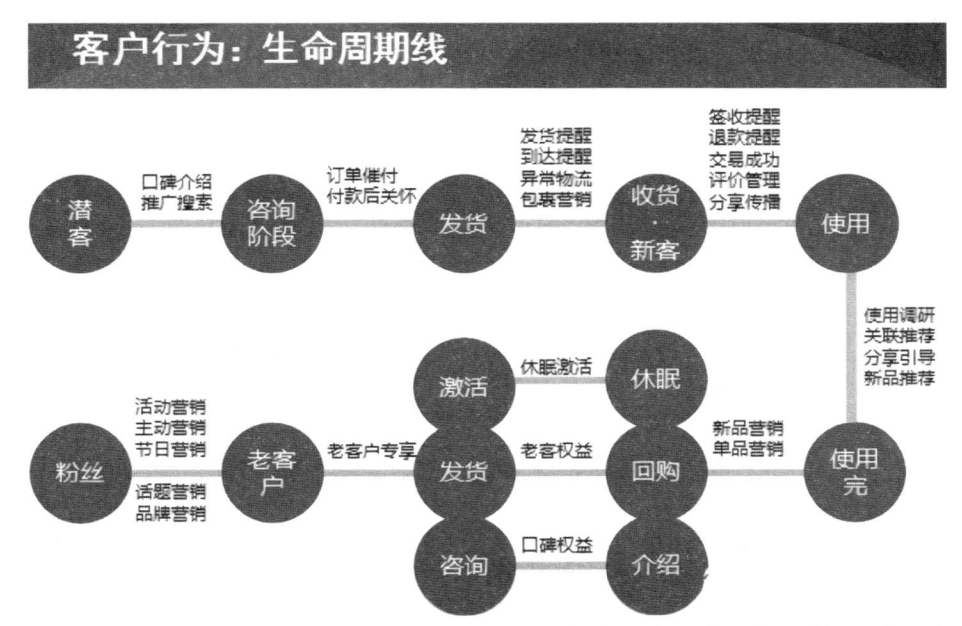

客户行为：生命周期线

[图：客户生命周期线，包含潜客（口碑介绍、推广搜索）→咨询阶段（订单催付、付款后关怀）→发货（发货提醒、到达提醒、异常物流、包裹营销）→收货·新客（签收提醒、退款提醒、交易成功、评价管理、分享传播）→使用（使用调研、关联推荐、分享引导、新品推荐）→使用完→回购（新品营销、单品营销）→介绍（口碑权益）→咨询→发货（老客权益）→激活（休眠激活）→休眠；粉丝（活动营销、主动营销、节日营销、话题营销、品牌营销）→老客户（老客户专享）]

确保企业获得相应的价值。根据客户的年度消费或生命周期价值，利用分段方法来定位市场营销、产品服务，并针对每个客户提供相应的接触点。对于没有额外资金的客户，经营一个"公务舱"计划是没有盈利的。在维护客户关系时，不能盲目满足无理要求，也不应无底线让步。关键在于寻求平衡，提供合理的解决方案，同时维护自身利益和底线，以建立健康和长久的关系。

三、客户流失的识别与应对

案例剖析

"凉凉"的双十一，为何被消费者抛弃

近年来，"双十一"等电商促销节已经不再像过去那样受到消费者的热烈追捧。越来越多的电商平台推出了"618""双十一""双十二"等促销节，为了吸引消费者抢购商品，但与此同时，也出现了电商促销节的一些弊端和问题。

首先，一些店铺以促销节为噱头，借机清理库存，甚至以次充好或销售假冒

伪劣产品。其次，电商促销节的套路越来越复杂，各种营销手段使得普通消费者难以理解，不再仅限于简单的折扣和优惠。最后，电商促销节的优惠力度逐渐减小，甚至有店铺玩起了"先涨价后降价"的把戏，使得优惠力度远不及以往，导致许多消费者对电商促销节失去了兴趣。

"双十一"起初是电商平台的让利活动，使平台和消费者可以相互获益，但由于尚未解决出现的问题和弊端，并且问题越来越严重。对于商家和店铺来说，通过"双十一""618"等促销节，他们可以增加订单和销量，同时可以宣传自己的品牌。而对于普通消费者来说，他们希望在促销节期间以较少的花费购买心仪的商品，如家电和数码产品等，这些商品价格较高，因此促销活动可以帮助他们节省几百块钱。然而，事实并非如此，现如今能享受到的优惠可能只有几百块钱。

"双十一"已经持续了13年，每年电商平台都赚得盆满钵满，然而商家和普通消费者并未真正获得好处，因此他们对于"双十一"等促销活动的信心逐渐丧失。未来电商促销节必然逐渐失去魅力，营销手段的多次运用最终会让消费者警觉。

如果电商平台想继续推出"双十一""618"等促销活动，就需要确保普通消费者、商家和店铺都能够从中获得实实在在的好处。尤其对于普通消费者而言，减少套路，多提供实惠，才能保持持续的热度。现如今，这些电商促销活动逐渐冷清的根本问题还是来源于自身。

> **思考一下**
>
> "双十一"被抛弃的根本原因是什么？你对电商促销节有什么不同的看法或感触？电商平台应该如何挽回流失的他们？

（一）客户流失

客户流失指的是由于各种原因，客户不再忠诚于企业，而转向购买其他公司的产品或服务的现象。为了让客户创造更多的价值，企业不仅需要让忠诚的客户产生更多的价值，还需要设法吸引流失的客户回归，以继续为企业创造价值。

根据哈佛商学院的报告，每降低5%的客户流失率，企业的利润可以增加25%~95%。同时，经济学中的二八定律表明，企业未来收入的80%来自20%的现有客户。此外，《市场营销指标》的调查数据显示，向老客户销售的成功概率为60%~70%，而新客户的成交概率仅为5%~20%。因此，防止客户流失，及时发现并处理潜在的客户流失风险，对于企业具有重要意义。以下就是常见的预警指标。

（1）客户留存率是指企业在一定时间内保持原有客户数量的能力，反映了企业对于现有客户的维护情况。当留存率下降时，意味着企业需要采取措施来挽回潜在的客户流失风险。

客户留存率 =（期末客户数/期初客户数）×100%

（2）客户交易频率是指顾客在一定时间内与企业之间的交易次数，反映了顾客对于企业产品或服务的忠诚度。当交易频率下降时，意味着顾客可能已经开始转向竞争对手，存在潜在的顾客流失风险。

客户交易频率 = 总交易次数/总客户数 ×100%

（3）客户回购率是指一定时间内曾购买过产品或服务的顾客再次购买同类产品或服务的比例，反映了企业对于现有忠诚度高的顾客的维护情况。当回购率下降时，意味着存在潜在的忠诚度低的顾客流失风险。

客户回购率 =（回购客户数/总客户数）×100%

（4）客户转化率是指一定时间内从潜在客户转化为实际购买产品或服务的比例，反映了企业对于潜在客户的开发能力。当转化率下降时，意味着企业需要采取措施提高潜在客户的转化率，避免潜在的顾客流失。

客户转化率 =（转化客户数/潜在客户数）×100%

（5）客户退订率是指一定时间内顾客退订企业产品或服务的比例，反映了企业产品或服务质量是否能够达到顾客期望。当退订率上升时，意味着存在潜在的顾客流失风险。

客户退订率 =（退订客户数/总客户数）×100%

上述指标可以帮助企业及时发现并处理潜在的顾客流失风险，但是最重要的还是要清楚顾客流失的主要原因，包括企业内部原因和外部原因。

1. 企业内部原因

（1）产品质量问题或风格转变。企业的产品是收益来源的核心，如果产品出现严重缺陷并被顾客购买，将导致失去顾客的信任，从而不可避免地导致顾客流失。此外，如果店铺中的产品风格突然改变，不再符合顾客的喜好和需求，也会导致顾客流失。

（2）商品质量不稳定，损害顾客利益。如果店铺在一开始选择销售质量高、价格稍高的商品，而后改变经营策略，引入低质量、低价位的商品，丧失了顾客对商品质量的信任，将导致顾客流失。

（3）价格上涨。如果企业涨价，特别是没有提供合理的解释和理由，或者顾客认为涨价后的产品价值与之前不符，都可能导致顾客流失。

（4）店铺服务意识不强。如果店铺内部的服务意识淡薄，员工态度傲慢、对顾客的问题和咨询漠不关心，顾客的投诉得不到及时解决，都会导致顾客流失。

（5）缺乏创新。如果店铺缺乏创新，没有及时跟上市场的变化和顾客的需求，顾客可能会另寻他处，寻找更具吸引力、实惠和新颖的商品。

2. 企业外部原因

（1）服务不满意或过度骚扰。如果顾客在购物过程中遭遇不满意的服务，或者被过度骚扰和推销，都会引起顾客的反感和抵触情绪，促使他们离开该店铺。

（2）面临新竞争的诱惑。激烈的市场竞争使得竞争对手采取低价促销、广告宣传等手段来吸引更多的顾客，面对新的竞争诱惑，部分顾客可能会选择流失。

（3）特殊顾客要求过高。部分顾客因为购买次数较多而过于自恃，他们会不断搜索其他企业的最低价来进行比较，以此对企业进行要挟。如果企业无法满足他们的特殊要求，可能会造成这些顾客的流失。

（二）客户流失应对

很多时候，客户流失其实是可以预防的。如果客户开始"移情别恋"，肯定是出现上述原因并触发他们抗拒情绪或者信心动摇。因此，面对如此情况应采取下列应对方法。

1. 分析客户离开的原因

与客户直接沟通是最有效的方式，不是通过调查问卷等敷衍的方式，而是通过电话或社交聊天软件等一对一询问。这种行为可以向客户证明你们真正关心他们的离去，他们可能会真诚地反馈问题和选择离开的原因。与客户交谈也是销售人员了解产品或服务问题最有效的方式。

2. 提高客户替换产品或解决方案的转换成本

销售人员可以通过适当的产品培训、网络远程产品演示等方式，帮助客户更深入地了解和使用所提供的产品或解决方案，从而提高客户替换产品的转换成本。客户都怕麻烦，尤其是在花费大量精力习惯使用某一产品之后，他们不愿意再花更多时间去重新适应一个新产品，这有助于预防客户流失。

3. 观察客户画像

观察客户画像的目的是找出流失客户的共同特征或即将流失前的共性行为，如之前与销售人员保持频繁联系的客户突然长时间不联系，或者在产品或服务即将到期时没有询问续费的迹象。了解到这些信息后，当其他现有客户也出现这些行为时，销售人员就会意识到该客户可能会流失。

4. 留住高价值客户

根据"二八定律"，企业未来收入的80%来自20%的现有客户。如果能够留住这20%的客户，就能最大限度地保证80%的企业未来收入。因此，销售人员应该对这20%的客户进行额外关注，及时处理他们对产品或服务的任何问题。

5. 关注投诉

一个需要注意的事实是，对产品或服务不满意的96%客户往往不会提出投诉，仅4%的客户会向服务提供商反馈问题。如果能够认真对待这4%的投诉，及时采取行动并解决他们的问题，很有可能不仅不会失去这部分客户，还会提高他们的忠诚度，甚至可能成为品牌的忠实拥护者。

6. 设立客户成功经理职位

企业可以设立客户成功部门，由优秀的销售人员担任客户成功经理的职位，专注于关注现有客户的行为变化，及时发现有离开意向的客户，与他们沟通并解决产品或服务的问题。这样做可能会有更高的概率挽留这部分客户，避免客户流失。

如果企业不想失去客户，就应该集中精力做一个出色的"守门员"，努力提高售后服务。对于用优秀的售后服务来维持客户关系的重要性，无论如何高估都不为过。

> 延伸阅读

客户成功经理（Customer Success Manager，CSM）究竟做什么？

随着互联网技术的发展和应用软件的成熟，在 2001 年前后兴起了一种全新的软件应用模式：软件即服务（SaaS）。最早由 Salesforce（前文已提过，不再赘述）开创性地推出按需订购的客户关系管理系统（CRM）解决方案。SaaS 的销售指标包括：售前阶段的市场获取客户和销售转化，以及售后阶段的新用户引导、客户留存、销售扩展、续订和新一轮的生命周期。其对应的概念是客户生命周期价值。

面对竞争加剧和客户需求快速变化，SaaS 行业面临一个问题：切换成本极低，导致客户留存面临严峻挑战。客户成功成为解决方案的唯一选择，它以客户为中心，确保满足客户需求，使客户取得成功，从而留住客户并持续获得收益。因此，在 2010 年前后，客户成功的概念应运而生。到 2015 年，它已经成为一个成熟的领域，并出现了专门负责此工作的客户成功经理职位。

客户成功经理在做什么？

正如外出用餐时，客户常有看着菜单不知如何选择的情况，往往也需要有一位专业人士帮他们做出判断。客户成功经理致力于防患于未然，在问题发生前就先将事情解决。客户成功经理看的是整体性与全貌，什么既能促进客户即时满意度，又能带来长期稳定性收益。客户成功团队成员会陪伴客户走过他们的旅程，并在整个生命周期中持续提供支持。

客户成功经理的工作主要是围绕用户生命周期促进客户成功，具体包括以下方面。

1. 制定客户留存策略。不同客户对于成功的定义有所不同，可以是财务上的成就，如销售额超过目标，也可以是个人方面的小成功，如节省时间。在客户关系的中期，特别是里程碑之间的空白时期，客户容易流失。因此，客户成功经理需要提前制定客户留存策略，以防止客户对产品兴趣的风险。

2. 数据驱动的跨部门协作。与商务团队配合后，客户成功经理需要具有服务意识，定期向对方项目负责人发送月度报告，包括系统使用情况（用户数量、使用功能等）、下一步的使用计划。数据的透明性和高效的跨部门合作有助于建立客户心目中的专业企业形象。

3. 提供产品与服务价值。产品价值是服务的基础。在项目建设与使用期间，客户成功经理需要提供最佳的产品实现路径，包括产品演示、技术支持（解决升级和问题处理）、客户培训以及及时响应客户使用问题等。只有在优质的产品基础上提供服务，才有可能与客户建立长期关系。

4. 评估客户满意度，促进增长与推荐。客户成功经理最重要的工作成果是促进客户推荐和重复购买。因此，客户满意度和净推荐值（NPS）是需要重点关注的数据指标，通过这些数据不断优化产品和服务，才能实现增长和推荐的拉动作用。

> **思考一下**
> 要成为一个称职的客户成功经理需要哪些基本素质和能力？

由此可见，防范顾客流失工作既是一门艺术，又是一门科学。它需要店铺不断创造、传递和沟通优质顾客价值，以最终获得、保持和增加老顾客。这样能够锻造店铺的核心竞争力，使企业在网店市场立足并获得持续运营的资本。

案例育人

立足优质服务，铸造工匠精神

孙峥是工行镇江润州支行的一名大堂经理，对于优质服务，他的体会是"服务＋细节＋高效率＝成功"。作为一名优秀的大堂经理，认识到优质的服务、无微不至的细节关注及高效率的业务办理与营销能力，是做好本职工作的关键要素。不管在网点厅堂还是外勤，他都能主动放弃自己的休息时间，积极营销并为客户提供优质服务。他的优质服务得到了许多客户的认可，被评为镇江分行

2023年一季度客服经理岗位标兵。

1. 立足于服务，铸造工匠精神

他长期以来立足于服务，在日常工作中对自身着装、服务礼仪、服务语言等方面严格要求，认真贯彻"迎来送往"的工作准则。他对客户热情周到、文明礼貌，对等待时间较长的客户主动关怀，了解客户需求，做好厅堂分流，并利用熟练的业务知识为客户答疑解惑。有一次，一位客户来办理跨行转账业务，他提醒客户跨行转账需要收取手续费，并推荐使用手机银行转账可以不收取手续费。客户听后接受并感谢，他又耐心指导客户如何使用手机银行转账，深深感动了客户，客户不断感谢并拨打客服热线表扬他的服务。

2. 注重细节，诚心对待客户

当ATM机故障或款箱无款时，他第一时间通知人员进行维修和日常维护；定期巡查网点内卫生状况，保持厅堂整洁干净；当客户发生纠纷时，他耐心安抚客户，寻求良好的解决方法。同时，他也关注柜面办理情况，查看客户叫号纸，告知客户等待人数，并给予安抚。

作为一名大堂经理，他不断改进自己的工作方式。定期检查网点的爱心座椅、老花镜、饮用水、"工行驿站"以及医药箱、轮椅、拐杖等便民设施。同时，他从引导、问询、辅助等多个环节入手，及时发现并积极为老年客户提供优质服务，受到老年客户的一致赞扬。

作为一名大堂经理，他以兢兢业业和积极进取的精神，通过勤勉踏实的工作和默默地奉献，从细微之处出发，精心捕捉信息，挖掘优质客户，为广大客户提供服务。他展现了工行员工崭新的精神面貌，让人们看到了青年员工在服务新时代中担负起的责任感和事业心。他始终认为，只要用心工作，业绩不怕做不好，追求优质服务永无止境。

> 课中实训

实训一：客户满意与投诉处理

实训目标：

学生能通过小组合作的形式，对电商零售业企业进行调研，收集并分析具体企业客户满意度管理的典型案例，并总结概括出这些企业的具体做法。

任务描述：

客户满意度管理能反映出企业的产品质量、服务水平以及与客户的沟通等方面的表现，使双方相互了解并协调行动的重要渠道。借助调研，对真实企业的客户满意度管理进行剖析。

任务要求：

以小组为单位，选择一家熟悉的零售企业，进入其官网进行搜集，了解其客户满意度管理的相关政策，并且搜索网上客户满意度管理相关案例，制成 PPT 进行展示，并组织全班讨论与评析，填写在表 9-1 中。

表 9-1 客户满意度管理典型案例分析

实训二：客户忠诚度及维护

实训目标：

学生能通过小组合作的形式，对实训一的电商零售业企业进行深入挖掘，收集并分析该企业的会员价值权益体系分析其忠诚度计划，并总结概括出这些企业的具体做法。

任务描述：

客户忠诚度计划是围绕价值、互动、情感、体验四个维度展开的，有助于提升企业的品牌健康度。借助会员价值体系和社交媒体共同维护客户群体是实训重点。

任务要求：

以小组为单位，小组成员根据实训一调研的过程，深入挖掘该企业的忠诚度计划，了解上述四个维度是如何构建的，制作成 PPT 进行小组课堂汇报，并将任务的成果填写在表 9-2 中。

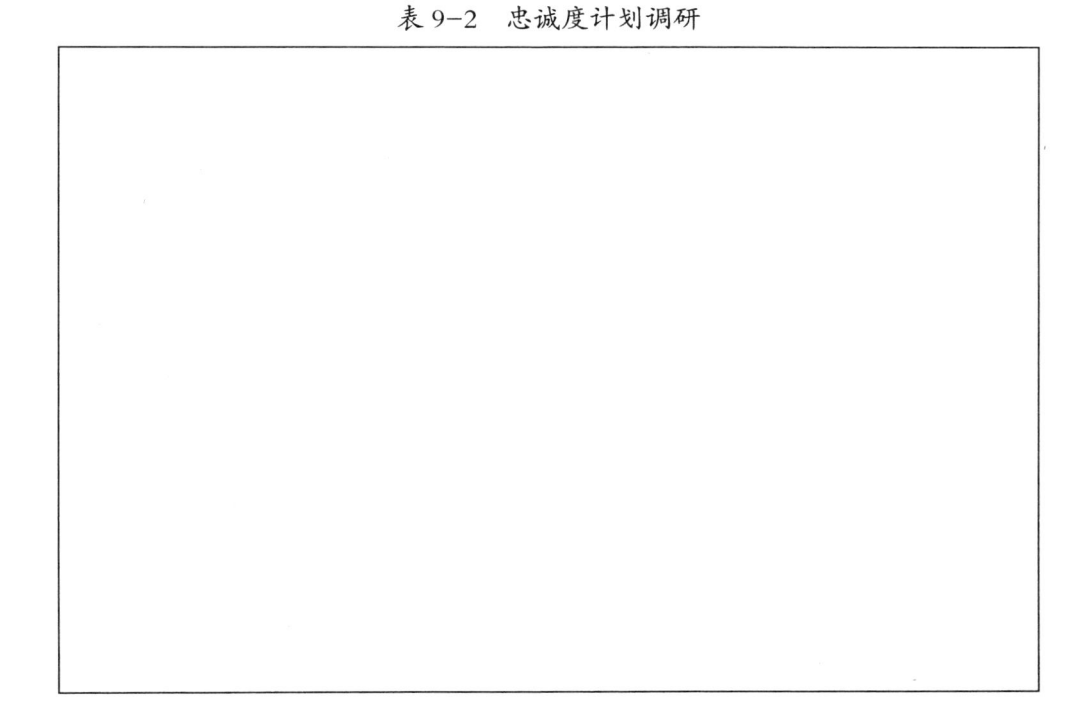

表 9-2　忠诚度计划调研

实训三：客户流失的识别与应对

实训目标：

学生能进一步了解客户成功经理的具体岗位职能和能力需求，为职业发展规划奠定认知基础。

任务描述：

对客户成功经理岗位进行全方位信息搜集，撰写一份调研报告全班分享。

任务要求：

以小组为单位，选择不同行业的企业（每个小组一个细分行业，不得重复），通过主流的招聘平台和其他渠道信息搜寻，整理客户成功经理具体的岗位职责和能力素质要求，汇总成一份 1000 字以内的岗位分析报告。最后将任务的成果填写在表 9-3 中。

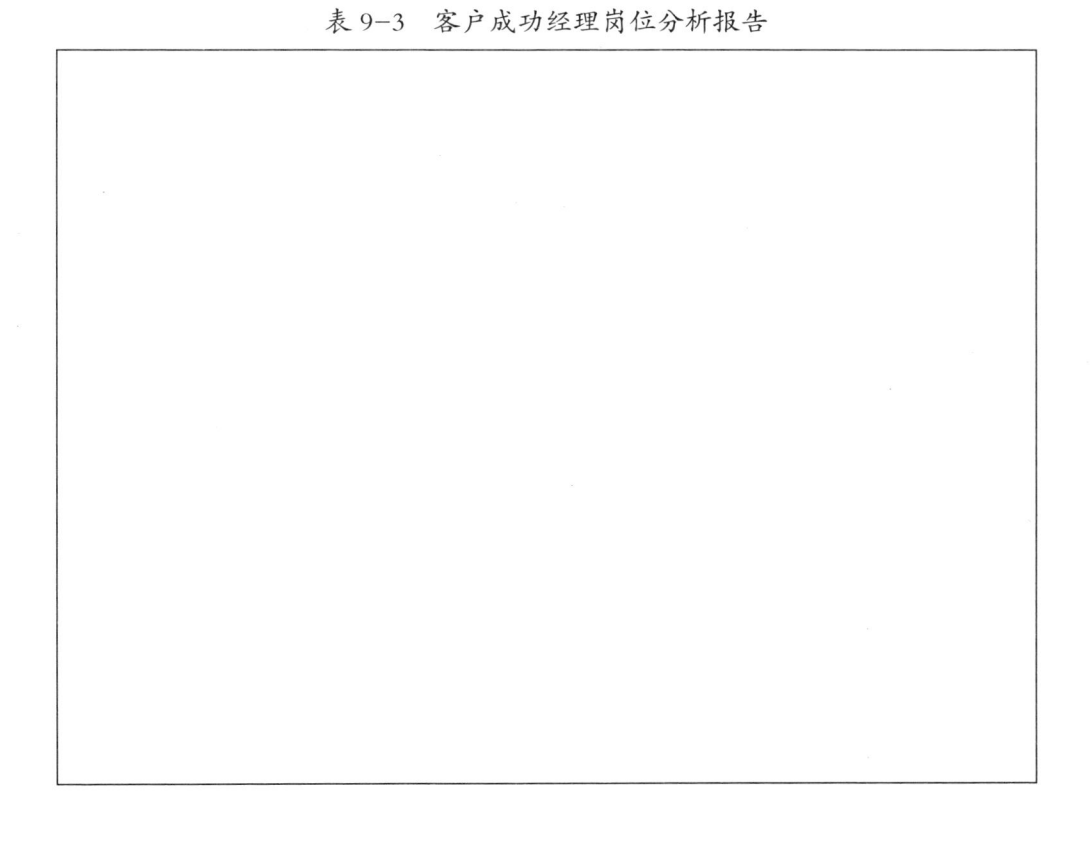

表 9-3　客户成功经理岗位分析报告

课后提升

知识梳理与归纳：（请绘制本项目的思维导图）

思考总结与心得分享